KB059435

생각하는 글쓰기

생각하는 글쓰기

처음 펴낸 날 | 2009년 11월 30일

최종규 씀

책임편집 | 박지웅
편집 | 조인숙, 박지웅
펴낸이 | 홍현숙
펴낸곳 | 도서출판 호미
등록 | 1997년 6월 13일(제1-1454호)
주소 | 서울시 마포구 서교동 339-4 가나빌딩 3층
편집 | 02-332-5084
영업 | 02-322-1845
팩스 | 02-322-1846
전자우편 | homipub@hanmail.net

표지 디자인 | (주)끄레 어소시에이츠
필름출력 | 문형사
인쇄 | 대정인쇄
제본 | 성문제책

ISBN 978-89-88526-93-4 03710
값 | 10,000원

(호미) 생명을 섬깁니다. 마음밭을 일굽니다.

내 마음을 살리는 말 한 마디

생각하는 글쓰기

최종규 씀

초미

일러두기

1) 「생각하는 글쓰기」는 책이름 그대로 우리 스스로 생각을 하면서 글을 쓰자고, 또 말을 하자는 다짐으로 찬찬히 적어 내려갔던 쪽글을 묶습니다. 하루에 다문 한 가지라도 알뜰살뜰 생각할 수 있으면, 우리 스스로 말도 가꾸고 생각도 가꾸고 삶도 가꾸면서 나라살림과 집살림과 마을살림 또한 싱그러이 가꿀 수 있다는 믿음으로 적어 내려간 쪽글을 묶습니다.

2) 「생각하는 글쓰기」는 빈틈없는 이야기가 아닙니다. 빈틈이 많은 이야기입니다. 이 빈틈은 저 혼자서 채울 수 없습니다. 저는 고작 제 깜냥껏 몇 가지 거들기를 할 뿐입니다. 제가 쪽글마다 "말줄임표(…)"를 붙이면서 "앞으로 더 싱그러운 새 말투를 찾아보아 주소서" 하고 남겨 놓은 자리에, 이 책을 읽는 분들이 새롭고 새삼스러운 새 말투를 붙여 주시면 아주 기쁘겠습니다.

3) 「생각하는 글쓰기」는 한 권으로 그치지 않는 이야기책입니다. 한 권씩 꾸준하게 엮어내면서 저부터 생각을 고쳐 나가려는 이야기책입니다. 조금씩 북돋우고 살며시 일으키는 우리 생각을 사랑하는 마음으로 엮는 이야기책입니다.

4) 「생각하는 글쓰기」는 글쓴이 한 사람이 잘나서 써낼 수 있는 책이 아닙니다. 글쓴이는 그저 제 삶자락을 사랑하고 아끼는 마음으로 와락 부둥켜안고자 했을 뿐입니다. 와락 부둥켜안는 가운데 이와 같은 몇 가지 "말 이야기"를 고맙게 얻었습니다.

5) 「생각하는 글쓰기」에 실은 "한자말 풀이"는 1999년에 국립국어원에서 펴낸 「표준국어대사전」을 따르고, "토박이말 풀이"는 글쓴이 스스로 생각해 내어 새롭게 달았습니다. 맞춤법과 띄어쓰기는 되도록 정부 틀거리에 따랐으나, "이런 말은 한 낱말로 새로 빚어내어 주면 좋겠다"는 마음으로 일부러 붙여서 쓴 낱말이 꽤 됩니다. 이를테면 "살려쓰기"나 "고쳐쓰기"나 "마음쓰기" 같은 낱말은 띄어서 써야 말법에 맞지만, 이런 낱말은 붙여서 새 우리 말로 삼으면 더 나으리라 믿습니다.

6) 「생각하는 글쓰기」는 "우리 말"과 "우리 나라"를 띄어 놓습니다. "우리 얼"과 "우리 옷"을 띄어서 써야 올바르기 때문입니다.

7) 「생각하는 글쓰기」 이야기를 더 깊이 나누고픈 분은 글쓰기 인터넷방으로 나들이 오셔요. (hbooks.cyworld.com)

생각하는 삶이 없는 오늘 이곳에서

제 고등학교 적 동무들 가운데 자가용을 몰지 않는 사람은 거의 저 혼자가 아닌가 싶습니다. 국민학교 적 동무들을 살펴보아도 비슷합니다. 퍽 예전부터 이와 같았습니다. 제 나이 서른이 되기 앞서부터 제 동무들은 자가용을 굴렸습니다. 동무녀석들 자가용은 해를 거듭할수록 커지고 까만 빛으로 바뀝니다. 동무녀석들 술자리는 나날이 커지고 술값으로 나가는 돈 또한 늘어납니다. 해를 거듭하면서 동무녀석들 아파트 평수는 더 넓어지고, 집이 한 채에서 두 채가 되기도 합니다. 은행계좌에는 "0"이 붙는 수효가 더 높아집니다. 동무녀석들 가운데 어느 누구도 책읽기를 하겠다며 하루에 1분이나 10분쯤을 바치지 않습니다. 처음부터 책읽기는 생각하지 않을 뿐더러, 책읽기를 할 만큼 "시간이 없"습니다. 돈을 벌기에 바쁘고 돈을 벌 생각을 하느라 바쁩니다.

제 오랜 동무들 이야기로 그친다고는 느끼지 않습니다. 제 둘레 웬만한 사람들 누구한테나 비슷한 이야기라고 느낍니다. 자가용을 모는 사람은 책하고 멀어질밖에 없습니다. 차를 몰면서 책을 읽을 수 없습니다. 차를 몰고 나서 책을 생각하기 어렵습니다. 차를 몰면서 텔레비전을 보고, 차를 몰고 나서도 텔레비전을 봅니다. 차를 몰 때에나 차를 안 몰 때에나 손전화로 이야기 나누느라 바쁩니다. 마누라(또는 어머니)가 해 주는 밥상을 받아 세 끼니를 채울 뿐, 고작 서른다섯 줄밖에 안 된 우리 동무들이지만 스스로 밥차림을 하지 않습니다. 밥차림을 스스로 하지 않으니 어떤 쌀을 장만해서 어떻게 일고 안치고 물을 맞추어 먹으면 좋을지를 헤아리지 못합니다. 전기밥솥조차 못 다루는 동무가 있고, 전기밥솥은 다룰 줄 알아도 밥 한 그릇이 우리 밥상에 어떻게 올려지는지를 돌아볼 줄 아는 동무란 없습니다. 다른 일에 바쁘고 매이고 버거워, "밥그릇쯤이야" 하찮거나 조그마한 일일 뿐입니다.

한 사람이 고운 목숨을 선물받아 이 땅에서 고맙게 살아가는 자리에서 밥먹기란 더없이 크고 거룩한 일입니다. 밥먹기를 마구 다룰 수 없고 내팽개칠 수 없으며 모르쇠 할 수 없습니다. 그러나 남자이든 여자이든 오늘날 사람들한테는 밥먹기란 하찮습니다. 큰 일이 아닙니다. 대수롭지 않습니다. 남이 해 주는 밥상을 돈 몇 푼 치러서 받으면 될 뿐입니다. 이리하여 우리 목숨을 잇는 무엇보다 커다란 일이 그지없이 하찮게 굴러떨어진 이 터전 이 나라 이 겨레한테서는 아무런 꿈을 찾기 힘들다고 느낍니다. 밥먹기조차 이렇게 형편없는데, 무슨 말이 있고 무슨 정치가 있으며 무슨 교육이 있을는지요? 제가 옆지기하고 아이랑 오순도순 가난한 살림을 꾸리면서 즐겁게 밥을 하고 빨래를 하고 집치우기를 하는 까닭은 다른 데에 있지 않습니다. 저는 제 어버이한테서 고맙게 목숨 하나 선물받았기 때문에, 이 고마운 선물을 온몸과 온마음으로 느끼며 삭여 내고 싶어서 손수 밥을 짓고 손수 손빨래를 하며(손수 손빨래를 한다는 말이 우습지만, 이제는 모두 기계빨래만 하니 손수 손빨래를 한다고 따로 밝혀서 말해야 합니다) 손수 걸레를 빨아 손수 방바닥을 훔칩니다.

다만, 저는 많이 모자라고 어수룩합니다. 제 모자람과 어수룩함을 옆지기가 많이 보태어 줍니다. 늘 채워 줍니다. 예방접종 이야기라든지 생채식 사랑 이야기를 옆지기가 빈틈없이 알아보고 살펴보며 들려줍니다. 저로서는 더 깊이 헤아리지 못한 대목을 새삼스레 고맙게 받아들입니다. 저는 제 깜냥껏 "애쓴다"고 여겼지만, 제 애씀은 참말 아무것 아님을 옆지기한테서 배웁니다. 우리 어버이는 고운 목숨을 선물로 주셔서 고맙고, 우리 옆지기는 고운 넋을 선물로 베풀어 주니 고맙습니다. 이리하여, 이 선물꾸러미를 다시금 삭이고 녹이면서 "우리 말 이야기"를 여미어 냅니다.

지식으로 다루는 "우리 말 이야기"가 아닙니다. 지식을 보여주는 "우리 말 이야기"가 아닙니다. 지식을 쌓자는 "우리 말 이야기"가 아닙니다.

지식을 참다이 사랑하자는 "우리 말 이야기"입니다. 지식이 어떻게 이루어지는가를 깨닫자는 "우리 말 이야기"입니다. 지식이란 다름아닌 내 삶임을 옳게 느껴 넉넉하게 껴안자는 "우리 말 이야기"입니다.

이번에 내놓는 「생각하는 글쓰기, 내 마음을 살리는 말 한 마디」 는 "우리가 살아가면서 우리 삶마디에 알맞춤하게 새로운 말 한 마디를 지으려고 하면 어떻게 하면 좋은가" 하는 데에 눈길을 둡니다. 일러두기에 더 밝히기도 하지만, 저는 오늘날 우리 사회 맞춤법을 "그다지 잘 안 따릅"니다. 아는 분은 알 텐데, 저는 "눈덩이"도 붙여서 쓰고 "눈덩어리"도 붙여서 씁니다. 그렇지만, 지금 우리 사회 맞춤법으로는(국립국어원이 마련한 맞춤법) "눈덩이-눈 덩어리"처럼 적어야 올바릅니다. 저는 "한국말-한국사람"처럼 붙여서 씁니다. 그렇지만, 이 또한 "한국 말-한국 사람"처럼 떼어야 옳다고 하는 맞춤법입니다. 그러면서 "한국어-한국인"과 같이 한자 "語"와 "人"을 붙일 때에는 띄우지 않는다고 하는 맞춤법입니다.

오늘날 우리네 맞춤법은 아주 글러먹었다고 느낍니다. 온통 지식이 들어차 있을 뿐입니다. 지식을 다루는 마음이 없고, 지식을 아끼는 넋이 없으며, 지식을 북돋우는 슬기가 없습니다. 그래서 저는 이 못난 지식조각을 애틋한 지식꾸러미로 거듭나는 길에서 도움이가 되어 몇 마디 보태고자 합니다. 저는 이 어설픈 지식부스러기를 살가운 지식밥그릇으로 다시 태어나는 자리에서 일동무가 되어 몇 줄 거들고자 합니다.

지식이 아닌 삶을 이야기하면서 우리 말과 글을 살리고 싶습니다. 우리 말과 글을 살리는 일은 우리 생각과 마음을 살리는 일이 함께해야 한다는 제 다짐을 들려주고 싶습니다. 말과 생각은 삶이 함께 살아나거나 삶을 무엇보다 먼저 살리지 않고서야 북돋을 수 없음을 낱낱이 느끼고 있는 제 하루하루를 보여주고 싶습니다.

말은 삶이고 삶은 말입니다. 말은 내 삶 그대로 샘솟기 마련입니다. 삶은 내 말이 그대로 묻어나기 마련입니다. 내 삶에 말이 묻어나기도 하고, 내 말에 삶이 묻어나기도 합니다. 내 삶에 말이 담기기도 하고, 내 말에 삶이 담기기도 합니다.

얼마 앞서 백기완 님이 "한자말 하나 안 쓴 책"을 내놓았다는 소식을 들었는데, 사람들이 옳게 볼 줄 몰라서 그렇지, 백기완 님 또한 "한자말을 씁"니다. 당신과 뭇사람 들이 스스로 못 보고 지나치는 대목이 있을 뿐입니다. 더욱이 "한자말은 덜" 쓰지만 올바르지 않은 말투는 털어내지 못하셨습니다. 얄궂은 일본 말투나 어설픈 번역 말투가 백기완 님 글 곳곳에 남아 있습니다.

왜 이런 말을 하느냐 하면, 우리한테는 한자말을 쓰고 안 쓰고는 그리 커다란 일이 아니기 때문입니다. 한자말 가운데 쓸 만하면 쓰면 됩니다. 한자말 가운데 안 쓸 만하면 안 쓰면 됩니다. 쓸 만한 토박이말이니 살려서 씁니다. 쓸 만하지 않은 토박이말이니 안 쓸 뿐입니다. 우리는 우리 삶을 밝힐 낱말을 가려내어 써야 합니다. 우리는 우리 생각을 빛낼 말투를 살펴보며 펼쳐야 합니다. 엉뚱하거나 어리석은 낱말과 말투를 쓸 까닭이 없습니다. 어처구니없거나 못난 낱말과 말투를 붙잡을 까닭이 없습니다.

생각을 해야 합니다. 생각을 하며 살아야 합니다. 생각하는 매무새를 고이 건사하면서 내 삶을 아름답게 빛내야 합니다. 이렇게 하루하루 사랑하고 믿고 나누고 따뜻하게 감싸면서 내 말글을 나란히 빛내면 됩니다. 하루에 한 마디씩 내 말마디를 가꾸고, 이틀에 한 줄씩 내 글줄을 일굴 수 있으면 됩니다. 태어나서 죽는 날까지 배우는 우리 삶이듯, 태어나서 죽는 날까지 내 말마디와 글줄을 꾸준하게 돌아보고 보듬고 살피고 다듬고 손질하고 매만지면서 꾸리는 우리 삶입니다. 국어학자가 되었다 해서 말다듬기를 그칠 수 없습니다. 국어교사로 일한다 해서 글다듬기를 솜씨있게 한다고 여길 수 없습니다. 늘 새로 배워야 합니다. 한결같이 다시 익혀야 합니다. 언제나 거듭 새겨야 합니다. 노상 싱그럽고 신나게 톺아보아야 합니다.

생각하지 않는 이 나라에서 생각하자는 "우리 말 이야기"를 하나 내놓습니다. 생각없는 우리 삶이 떠도는 이 터전에서 생각있는 우리 삶으로 스스로 고쳐 나가자는 "우리 글 이야기"를 조용히 올려바칩니다. 제 글에 담긴 사랑을 읽어 주셔요. 제 말에 배어 있는 믿음을 받아 주셔요. 제 이야기에 녹여 놓은 손길을 따뜻하게 받아들여서 나누어 주셔요. 고맙습니다.

2009년 겨울 문턱,
인천 중구 내동 골목집 한켠에서 옆지기 전은경과 아기 사름벼리와 함께.

차례

생각하는 글쓰기

> 그러니까 농한기 말구 요즘 같은 한창 일철엔 그래요.
>
> 「여성운동과 문학(1)」, 민족문학작가회의 여성문학분과위원회 엮음, 실천문학사 1988, 12쪽

　우리는 "시골"이라는 말보다 "농촌農村"이라는 말을 즐겨씁니다. 아니 시골에 사는 사람은 스스로 "시골"이라 말하지만, 도시에 사는 사람들은 "시골"이라는 낱말에 다른 뜻이나 생각을 품곤 합니다. 나라와 사회가 하루가 다르게 손수 땅을 부쳐 먹고사는 삶하고 거리가 멀어지면서, 시골살이란 얼른 집어치울 일처럼 여겨 버릇하고, 도시살이가 사람다이 살 일인 듯 생각하기까지 합니다. 요즘 몇몇 도시사람이 논밭을 부치며 살려고 시골로 가곤 하는데, 이들을 바라보며 훌륭하다고 손뼉 치는 사람보다 끌끌끌 혀를 차는 사람이 훨씬 많습니다.

　우리 나라는 얼마나 나라다움을 지키고 있는지 생각해 봅니다. 이 나라에서 살아가는 사람은 저마다 나다움을 고이 간직하면서 살아갈 수 있는지 생각해 봅니다. 다 다른 사람이니 다 다른 꿈을 품으며 다 달리 배우며 다 달리 크도록 너르고 살가이 풀어놓여 있는지, 모두 다른 사람인데 모두 똑같은 지식만 머릿속에 집어넣고 똑같은 시험을 치러 더 높은 점수를 받도록 길들어 있는지 생각해 봅니다.

나라가 나라다울 때 삶터가 삶터다웁지 않느냐 생각합니다. 나라가 엉망이어도 조그마한 마을 하나는 홀로 튼튼히 우뚝 설 수 있을 테지만, 이제는 작은 마을도 중앙정부와 지역정부가 벌이는 숱한 막개발에 쫓기고 밀리고 무너집니다. 큰뜻에 따라 작은뜻은 묻어야 한다면서 용역 철거꾼과 경찰이 한 몸이 되어 밀어냅니다.

이러는 동안 우리 삶은 우리 삶다움을 지킬 수 없고, 우리 스스로 우리 삶을 지킬 수 없는 자리에서 우리다운 생각을 품을 수 없습니다. 우리다운 생각을 품을 수 없고, 우리다움을 추스를 일과 놀이를 즐기지 못하는 자리라면, 우리가 하는 말과 쓰는 글이 말답고 글답기 어렵습니다. 뒤틀리고 맙니다.

일을 하니까 "일꾼"입니다. 일을 할 거리이니 "일거리"요 "일감"입니다. 일하는 곳이니 "일터"입니다. 밤에 일을 하니 "밤일"이요, 낮에 일을 하니 "낮일"입니다. 뜻 모은 사람들이 함께 장사하여 "동무장사"이듯, 동무장사를 하는 사람들 일은 "동무일"입니다. 이리하여, 우리가 일하느라 바쁜 때를 가리킬 때에 저절로 "일철"이라는 낱말이 태어납니다. 그러면, 일을 하지 않고 쉬거나 놀 때에는 무엇이라고 가리키면 될까요. 말 그대로 "놀이철"이나 "쉬는철"이라 하면 될 테지요. 노는 사람이라서 "놀이꾼"이고, 놀이할 거리라서 "놀이거리"이거나 "놀이감"입니다. 노는 곳이라 "놀이터"이고, 밤에 놀아 "밤놀이",

낮에 놀아 "낮놀이"입니다.

　시골에서 일하는 사람을 가리키는 자리에서는, "일철"과 맞물려 "겨를철"이 있습니다. 그런데, 땅을 부쳐 곡식을 거두어들이는 시골사람 삶자락이 아닌, 시골사람이 거둔 곡식을 돈으로 사다 먹는 도시사람 삶자락에 따라서 "농번기"와 "농한기"라는 낱말만 쓰입니다. 농사짓는 시골사람 스스로 "일철-겨를철"이라고 오랫동안 이야기해 왔으나, 농협 직원이 쓰는 말매무새에 물들고 정부에서 쓰는 말본새에 익숙해지면서, 시골사람들마저 제 말씨와 말투를 버리고 "농번기-농한기"라고 이야기합니다. 마치, 도시사람이나 시골사람이나 똑같이 방구석에서 텔레비전 연속극을 보는 사이 똑같은 말씨에 길들고 익숙해지듯이, 연변 조선족이 북녘말을 쓰다가 남녘 텔레비전 연속극을 자주 보는 사이 당신들도 모르게 남녘 말씨를 쓰게 되듯이 말입니다.

　농한기 → 겨를철, 놀이철, 쉬는철
　농번기 → 일철, 바쁜철

"너희들이 뭘 하려는지는 나도 몰라. 그렇지만 난 잠시도 게을리
하고 있을 수는 없어. 말하자면 난 '바지런이' 야. 그래서 한가할
틈이 없단다." 하고 삐삐가 말했다.

「말괄량이 삐삐」, 아스트리드 린그렌(김인호 옮김), 종로서적 1982, 17쪽

삐삐는 게으를 틈이 없다고 합니다. 한갓지게 놀 겨를이 없
다고 합니다. 늘 바지런히 움직여야 하고, 늘 바삐 일해야 한다
고 합니다. 이리하여 삐삐는 스스로 "바지런이"가 됩니다.

삐삐는 바쁘게 움직입니다. 그래서 "바지런이"이면서 "바쁨
이"입니다. 바쁨이는 "빨리빨리"를 외치는 사람하고 다릅니다.
"빨리빨리"를 외치는 사람은 "바빠쟁이"입니다. 더없이 바빠맞
아 딴짓은커녕 말 한 마디 느긋하게 주고받을 수 없습니다.

삐삐는 바삐 움직이더라도 바빠맞게 살지는 않으려고 합니
다. 그저 제 일을 즐기고 제 놀이를 신나게 펼칠 따름입니다.
이리하여 "바쁨이"까지는 되어도 "바빠쟁이"는 되지 않는 가운
데, "바지런이" 자리에서 알맞춤하게 스스로를 다독입니다.

"바쁨이"를 한자말로는 "열심이"나 "열심쟁이"라 할 수 있을
까요. 그러고 보면, 동무하고 도란도란 이야기 나누기를 즐기
는 사람이라 하면 "도란이"라 해도 잘 어울립니다. 싱글벙글

웃고 다니는 사람이라 하면 "싱글이"나 "벙글이"나 "싱글벙글이"라 해도 제법 어울립니다.

바지런이: 바지런한 사람
부지런이: 부지런한 사람
비쁨이: 바쁜 사람
바빠쟁이: 바쁘다 외치며 사는 사람
…

가싯길   003

참으로 내 평생은 기복이 심하고 가싯길에서도 실망치 않고 꾸
준히 한 목표를 위해 노력해 온 발자취였다. 말하자면 모든 어려
운 역경 속에서도…

「나의 사랑과 예술」, 김기창, 정우사 1977, 31쪽

　"내 평생平生"은 "내 한삶"이나 "내 온삶"으로 다듬고, "기복
起伏이 심甚하고"는 "끝없이 오르락내리락했고"로 다듬으며,
"실망失望치"는 "주눅들지"나 "슬퍼하지"로 다듬습니다. "한
목표를 위爲해"는 "한 목표를 바라보며"로 손보고, "노력努力
해"는 "애써"로 손봅니다.

　어려움을 달게 받아들이면서 가야 하는 길을 가리켜, 한자말
로 "역경逆境"이라고 합니다. 낱말책을 보면 "일이 순조롭지
않아 매우 어렵게 된 처지나 환경"이라고 풀이합니다. 그런데,
이 "역경" 앞에 "어려운"을 달아 "어려운 역경"으로 적으면 어
찌 될까요. 보나 마나 겹말이 될 테지요.

　보기글을 가만히 살피면, 글쓴이는 앞줄에서 "가싯길"을 말
합니다. "가싯길"은 낱말책에 실려 있지 않으나, "가시밭길"과
마찬가지로 "어렵거나 괴롭거나 힘든 길"을 가리킵니다. 우리

앞에 놓인 고달픈 삶을 빗댑니다.

따로 한 낱말로 삼지 않고 "고달픈 길"이나 "힘든 길"이라 해도 넉넉합니다.

"가시밭길"이나 "가싯길"은 또 살을 붙여 "쇠가싯길"이라 할 수 있고, "잔가싯길"이나 "뭇가싯길"이라고도 할 수 있습니다. 우리가 생각하기 나름이고, 우리가 쓰기 나름이며, 우리가 북돋우기 나름입니다.

가시밭길=가싯길, 쇠가싯길

숲살림

이렇게 시튼은 숲속에서의 생활을 통해 <u>우드 크래프트</u>(숲에서 살아가기 위한 기술과 지식)를 배우며, 자연주의자로서 커다란 이상을 추구하기 시작하게 된다.

「시튼(2)」, 이마이즈미 요시하루(글)/다니구치 지로(그림)/김완 옮김, 애니북스 2007, 268쪽

   "숲속에서의 생활生活을 통通해"는 "숲속에서 살면서"나 "숲속에서 살아가면서"로 다듬고, "이상理想"은 "꿈"으로 다듬습니다. "추구追求하기 시작始作하게 된다"는 "찾게 된다"나 "찾아나선다"로 손봅니다.

   한집안을 이루거나 꾸리는 일을 가리켜 "살림"이라고 합니다. "살림"은 "집을 꾸리자면 익혀야 되는 모든 앎과 솜씨"를 가리킵니다. 같은 뜻으로 "집살림"이라고도 합니다. 이와 비슷한 쓰임새로 "책살림"이라고 하면, "책을 다루거나 매만지거나 사고파는 앎과 솜씨"를 이야기하게 됩니다. "회사살림"이라고 하면, 우리가 "회사 경영經營"이라고 할 때와 마찬가지로, "회사를 잘 다스리거나 이끌어 가는 앎과 솜씨"를 이야기하게 되고요.

미국에 「차일드 크라프트Child Craft」라는 책이 있습니다. 어린이들이 익혀야 할 온갖 앎과 솜씨를 담아 놓는 책입니다. 그러니까, "차일드 크라프트"는 "어린이가 살아가면서 익혀야 할 앎과 솜씨"인 셈입니다. 마찬가지로 "우드 크라프트"는 "숲에서 살아가자면 익혀야 할 앎과 솜씨"입니다.

이밖에도 "(무슨무슨) 크라프트"라고 해서 "무엇무엇을 하자면 익혀야 할 앎과 솜씨"를 가리키는데, 우리가 살아온 긴 흐름을 곰곰이 놓고 헤아린다면, "–살림"이나 "–살이"를 붙여서 넉넉히 나타낼 수 있지 않을까 싶습니다. 또는 "–살림＋앎"이나 "–살이＋슬기"처럼 새롭게 낱말짓기를 해 볼 수 있습니다. 때로는 "바느질", "집짓기", "밥하기"처럼만 적으면서 "(무엇무엇)을 하는 데 익혀야 할 앎과 솜씨"를 가리킬 수 있습니다.

한편, "숲삶"이라고 적어도 제법 어울리겠구나 싶습니다. 이런 틀을 살리면 "만화삶", "그림삶", "사진삶", "책삶", "논삶", "바다삶", "은행삶", "학교삶"처럼 저마다 다 다른 자리에서 일하고 어울리는 모습을 담아 낼 수 있습니다.

이 보기글은 "이렇게 시튼은 숲속에서 살면서 "숲삶"을 익히고 자연 사랑을 배우며…"라고 다듬을 수 있습니다.

우드 크라프트 → 숲살림-숲살림앎, 숲살이-숲살이슬기, 숲삶

따르릉 시계

나는 책상 위에 있는 언니의 <u>따르릉 시계</u>를 보았다. 새벽 다섯
시였다.

「노랑 가방」, 리지아 누네스(길우경 옮김), 민음사 1991, 106쪽

  자전거를 타고 가다가 골목이나 모퉁이에서 갑자기 튀어나
오는 자동차를 보면 부리나케 딸랑딸랑 울립니다. 이 소리를
못 듣거나 안 듣는 사람이 꽤 많지만, 제법 큰 딸랑이를 울리면
으레 멈추어 줍니다.

  "경적警笛"이라고도 하고 "벨bell"이라고도 하지만, 저는
"딸랑이"라고 말합니다. 말 그대로 딸랑딸랑 소리를 내니까요.

  버스를 탈 때면 내리는 곳을 알리는 단추를 눌러야 합니다.
이때 예전에는 "부저buzzer"라고 했고, 요사이는 흔히 "벨"이
라고 하지만, "단추"나 "누름단추"라는 낱말도 곧잘 쓰고 있습
니다.

  어릴 적에 부르던 노래에 "따르릉 따르릉 비켜나셔요. 자전
거가 나갑니다. 따르르르릉" 하는 노랫말이 있었습니다. 자전
거 딸랑이는 "딸랑딸랑"만이 아니라 "따르릉"도 있어, 이럴 때
에는 "딸랑이" 말고 "따르릉이"라고 해 보아도 어울리겠구나
싶습니다.

보기글에서 "자명종"이라 쓰지 않고 "따르릉 시계"라 쓰니 반갑습니다. 바늘을 맞추어 때가 되면 울리도록 하는 시계는 "울림 시계"랄 수 있습니다. 울리니까 울림 시계입니다. 울릴 때 소리가 따르릉거린다면 "따르릉 시계"입니다. 울리는 소리가 딸랑딸랑거린다면 "딸랑 시계"입니다. 이러한 시계는 "울림이-따르릉이-딸랑이"라고 가리켜도 제법 어울립니다. 이와 같은 이름으로 시계를 가리키는 분 또한 여럿 보았습니다.

그리고, 바늘 움직이는 소리가 들리는 시계들, 이를테면 재깍재깍 소리가 나거나 똑딱똑딱 소리가 나는 시계는 "재깍 시계"나 "똑딱 시계"라는 이름을 붙여 볼 수 있습니다. 줄여서 "재깍이"나 "재깍재깍이"나 "똑딱이"나 "똑딱똑딱이"라고 가리켜도 어울리고요.

벨bell → 딸랑이, 따르릉이

자명종 → 울림 시계, 울림이

또는 그 돈으로 헤레로 사람들한테 껍질 벗긴 옥수수를 사 가지고, 말리고 빻아서 가족들끼리 요리해 먹기도 한다.

「니사」, 마저리 쇼스탁(유나영 옮김), 삼인 2008, 494쪽

우리 식구는 곡식을 생협에서 사다 먹습니다. 그런데 이 생협 물건을 죽 살피면, 그 이름만으로는 알아듣기 어려운 곡식이 제법 많습니다. 이를테면, 탄거두라든지 대두라든지 적두라든지 탄적두라든지 흑임자라든지, 이래저래 알쏭달쏭한 이름들입니다. 집으로 부쳐 오는 소식지를 보면, 심지어 "신상新商"이라는 뜬금없는 낱말도 보입니다. 그냥 "새 물건"이나 "새 상품"이라 하면 될 텐데, 꼭 이렇게 이름을 붙여야 했을까 생각해 보면 안타깝습니다.

오늘날 "발아현미發芽玄米"라는 말을 두루 쓰기는 하지만, 처음에 "싹틔운현미"라든지 "싹틔운누런쌀"이라든지 "싹누런쌀"이라고 이름 붙일 생각을 왜 하지 않았을까요. 그리고 "가지말림"이나 "무말림"이나 "연근말림" 같은 물건이 있는 가운데, "건乾고사리"니 "건乾시래기"니 "건乾새우"니 하면서 "건乾"이라는 한자를 붙인 이름을 씁니다. "건고사리"는 "고사리말림"이나 "말린고사리"로, "건새우"는 "마른새우"나 "새우말

림"이라고 고쳐야 하지 않느냐 생각합니다.

무엇보다도 "기피 옥수수"라는 이름에서는 혀를 내두릅니다. 낱말책에도 없는 한자말 "기피"인데, 이런 이름을 어디에서 찾아내거나 알아내어 쓰는지 더없이 궁금합니다. 모양새 그대로 "껍질 벗긴 옥수수"라 하면 될 텐데, 왜 "기피 옥수수"라고 이름을 붙이면서 써야 할까요. 글자 수가 둘 늘어서 "두 글자짜리 짧은" 이름을 쓰려는 마음이었을까요. 길이는 짧더라도 알아듣기에 좋지 않으면, 짧으나 마나임을 몰라서일까요. 농협에서 이와 같은 한자 이름을 즐겨 쓰기 때문인가요. 농사짓는 분들 모두 이러한 이름만으로 곡식을 가리키기 때문인가요.

콩은 "콩"이고, 팥은 "팥"이며, 깨는 "깨"입니다. 이런 곡식한테 얼토당토않을 뿐 아니라, 우리 삶하고 아주 동떨어진 이름을 붙이는 일은 농사짓는 분들한테나, 생협 운동 하는 분들한테나, 또 우리한테나 모두 도움이 되지 않는다고 느낍니다. 우리 땅을 살리는 농사와 생협뿐 아니라, 우리 말과 글을 함께 살리는 농사와 생협으로 다시 태어나야 합니다.

기피 옥수수 → 껍질 벗긴 옥수수

몇 년 전에 용기를 내서 가장 친한 친구에게 <u>커밍아웃</u>을 했어
… 어차피 백인이 중심이고 기준이기 때문에 백인이라는 사실
을 굳이 밝히지 않아도 되는 것이죠.

「열정시대」, 참여연대 기획/김진아와 아홉 사람, 양철북 2009, 74쪽

"몇 년年 전前에"는 "몇 해 앞서"로 다듬고, "가장 친親한 친
구親舊에게"는 "가장 가까운 친구한테"나 "가장 살가운 동무한
테"나 "가장 믿음직한 벗한테"로 다듬어 봅니다. "용기勇氣를
내서"는 그대로 두어도 되고, "기운을 내서"나 "큰마음 먹고"
로 손볼 수도 있습니다. "백인이라는 사실事實을"은 "백인임
을"로 손질하고, "되는 것이죠"는 "되는 셈이죠"나 "되지요"로
손질합니다.

"친구에게 커밍아웃했어"는 "동무한테 내가 동성애자라고
말했어"나 "동무한테 내 성 정체성을 밝혔어"라고 다듬습니다.

"커밍아웃coming-out"은 미국말입니다. 낱말책을 찾아보
면 본디 뜻은 "사교계에 정식으로 데뷔하기"를 이르는데 입말
로는 "동성애자임을 밝히는 일"이라고 합니다. 그러니까 우리
말로는 "성 정체성 밝히기"나 "밝히기"라고 하면 됩니다.

이 말이 처음 쓰인 때가 언제인가 궁금하고, 다른 유럽 나라에서는 이와 같은 뜻을 가리키는 낱말로 그대로 미국말을 쓰는지, 아니면 자기네 말로 옮기어 나타낼는지 궁금합니다.

오늘날 우리 나라는 미국말이고 일본말이고 중국말이고 가리지 않고 씁니다. "세계화"도 아닌 "글로벌" 세상이라서 토박이말만 쓸 수는 없다고들 하는데, 나라밖 사람하고 만나는 자리에서야 마땅히 서로 알아들을 만한 말을 써야 할 테지만, 나라안 사람하고 만나는 자리에서 구태여 미국말이고 일본말이고 중국말이고를 써야 할 까닭이 얼마나 되는지 궁금합니다. 어쩌면, 나라안 우리끼리 미국말로 늘 이야기를 나누도록 버릇이 되어야 나라밖 사람을 만날 때에도 미국말이 술술술 나오지 않겠느냐고 생각하는지도 모르지요.

제가 살고 있는 인천에서는 인천시장이 인천시민한테 "영어는 외국어가 아닌 우리 말이다" 하고 외치면서 모든 사람이 영어로 이야기를 나누고 간판도 영어로 바꾸고 서류도 영어로 함께 쓰도록 부추깁니다. 그런데 동사무소에서까지 동네 사람한테 영어를 가르치는 강좌를 열면서, "영어를 더 잘 알게 된 다음 우리가 맛보거나 누리거나 빚어낼 문화"란 무엇인지는 아직 한 가지도 들어 보지 못했습니다. 설마, 미국 영화와 연속극을 자막 없이 보자면서 미국말을 가르치지는, 그리고 미국 영화와 연속극만이 "문화"라고 생각하지는 않겠지요.

저녁에 먹는 밥은 "저녁"입니다. 이를 "만찬晚餐"이라 한들 밥이 달라지지 않습니다. "디너dinner"라 한다고 더 맛있어지지 않습니다. 자동차는 "자동차"이지 "카car"라고 하여 더 날렵해지거나 빨라지지 않습니다. 열쇠는 "열쇠"일 뿐, "키key"라고 해서 무엇이 남다르게 될까요. 잘했으니 "잘했다"고 합니다. 좋으니 "좋다"고 합니다. "굿good"이라고 말해야 한결 멋있고 즐겁고 훌륭하다고 느껴질까요.

무대에 처음 나오는 이들을 두고 오늘날 "처음 나오다"라 말하는 이는 몹시 드뭅니다. 한결같이 "데뷔debut"라고만 말합니다. 노래를 손수 짓고 부르는 사람을 두고 "싱어송라이터 singer-songwriter"라고 하는데, 왜 우리는 우리 말로 "노래를 짓고 부르는 사람"이라고 이름 붙이지 못했을까요. 노래를 찾는 사람들을 "노찾사"라 줄여 말하듯, "노짓사"나 "노짓부사"처럼 줄여 말할 생각은 왜 하지 못 했을까요.

오늘날 우리 삶은 속속들이 우리 삶이라 하기 어렵습니다. 하나부터 열까지 우리다움을 버리거나 잃고서 남다움으로 흐릅니다. 이제는 남다움으로 흐르는 삶이 마치 우리다움인 듯이 되어 가고 있고 뿌리를 내리고 있습니다. 나 다르고 너 달라 서로 다르고, 서로가 다름을 꾸밈없이 받아들이며 어깨동무를 하던 흐름이 거의 자취를 감추었습니다.

내가 남자로서 남자사랑을 하든, 남자로서 여자사랑을 하든,

남자로서 모둠사랑을 하든 대수롭지 않습니다. 어느 여자가 여자사랑을 하든, 남자사랑을 하든, 모둠사랑을 하든 다르지 않습니다. 다 다른 자리에서 다 다르게 살아가는 그대로 아름답고 반갑고 좋습니다. 삶이란 다 다르기 마련이고, 이렇게 다 다른 삶을 나타내자면 말도 때와 곳에 따라 달라지기 마련입니다.

이 자리에 알맞춤하도록 이러한 말을 빚고, 저 자리에 걸맞도록 저러한 말을 짓습니다. 이 물건에 들어맞는 이 이름을 붙이고, 저 물건에 알맞는 저 이름을 담니다. 붓으로 그려 붓그림이 되고 연필로 그려 연필그림이 되고 물감으로 그려 물감그림이 됩니다. 길게 써서 긴소설이 되고 짧게 써서 짧은소설이 됩니다. 손바닥만큼만 쓰면 손바닥소설이 될 테지요.

우리 깜냥껏 우리 터전을 북돋우는 우리 말을 빚어내기 정어려울 때 비로소 바깥말을 들온말로 받아들입니다. 들온말로 받아들인 뒤 토박이말로 굳힐지 아니면 우리 깜냥껏 새로 토박이말을 빚어낼지는 오래도록 지켜보면서 살핍니다. 이러는 사이 들온말이 저절로 토박이말로 굳어지기도 하고, 먼 뒷날 우리 슬기를 빛내면서 새말을 빚어내기도 합니다.

말이란 그렇고 생각이란 그러하며 삶이란 그렇습니다. 처음부터 대놓고 이 말 저 말 가리지 않고 들여올 일이 아닙니다. 우리 몸에 알맞는지를 꼼꼼히 살피고 들여와야 합니다. 밥상에 차린다고 아무 먹을거리나 집어먹을 수 없습니다. 먹고살기 팍

곽하다고 군인이 되어 싸움터에 나가 사람 죽이는 짓을 하면서 돈을 벌 수 없습니다. 또는 전쟁무기 만드는 공장에서 일하거나 환경을 더럽히는 공장에서 아무 생각 없이 일할 수 없습니다. 밥 한 그릇을 먹어도 제대로 몸과 마음에 피와 살이 되는 밥을 먹을 노릇입니다. 돈 한 푼을 벌어도 떳떳하고 자랑스럽게 느껴질 돈을 벌 노릇입니다. 말 한 마디를 쓰더라도 우리 넋과 마음과 삶을 일으키거나 사랑스레 보듬을 만한 말을 할 노릇입니다.

밥과 옷과 집이, 마음과 생각과 넋이, 삶과 일과 놀이가, 그리고 말과 글과 이야기가 따로따로 움직이지 않습니다. 모두 한동아리입니다. 한동아리 흐름이 어긋나게 하거나, 한동아리 흐름을 가꾸지 않고서야 우리 스스로 이 땅에서 서로서로 오붓하거나 즐겁게 살아가기는 어렵습니다. 말 한 마디 자그마한 구석을 알뜰히 가꾸는 동안 우리 삶 모두 알뜰히 가꾸게 되고, 말 한 마디 자그마한 대목이라고 업신여기며 내팽개치면 우리 삶 모두 대충대충이 되면서 우리 스스로 우리 삶을 업신여기는 셈입니다.

커밍아웃

→ 성 정체성 밝힘(밝히기), 동성애자 밝힘(밝히기)

→ 여자사랑 밝힘(밝히기), 남자사랑 밝힘(밝히기)

→ …

세겹살

우리는 세겹살을 안주 삼아 소주를 즐겁게 마시며, 초저녁에 데
크에 나와 앉아 양주 한잔 마시는 것을 좋아한다. 우리는 새집
짓기를 즐기며, 벤치와 의자 만드는 것을 좋아한다.

「새들아, 집 지어 줄게, 놀러오렴」 이대우, 도솔오두막 2006, 204쪽

"데크deck"란 어떤 곳인지 궁금합니다. 영어사전을 뒤적이
니 미국말로 "테라스terrace"와 같다고 나옵니다. 다만, "나무
로 지은 테라스"라고 합니다. "테라스"를 다시 찾아보니
"terrace＝테라스"로 나오거나 "작은 발코니"라고 나옵니다.
또 한번 "발코니balcony"를 찾아봅니다. 그러니 "balcony＝
발코니, 또는 노대露臺"라고 나옵니다. 이리하여, 낱말책에서
"노대"를 찾아봅니다. "노대＝난간뜰"이라고 나옵니다.
　저마다 조금씩 달라, 데크니 테라스니 발코니니 할 텐데, 이
세 가지가 어떻게 다른지를 꼼꼼히 알면서 쓰는 사람은 얼마나
될까 궁금합니다. 그리고 우리 나라 살림집에 붙이는 그 "문간
마루"나 "창문마루" 같은 자리를 가리킬 때에 이렇게 나라밖
이름만 따와야 할까 궁금합니다. 나라밖 사람이 사는 집이 아
닌 바로 우리가 사는 집에 붙이는 이름인데, 우리는 왜 우리 이
름을 붙이지 않는지, 아니 우리 스스로 우리 이름 붙일 생각을

조금도 하지 않는지 궁금합니다.

보기글에서 "벤치bench와 의자椅子 만드는" 일을 좋아한다고 나옵니다. 영어 "벤치"는 "긴 의자"를 가리킵니다. 그러니, "긴의자와 의자"를 만든다고 말한 셈입니다. 이때에는 그냥 "걸상" 만드는 것을 좋아한다"고 하면, 걸상에는 긴 녀석이 있고 짧은 녀석이 있고 폭신한 녀석도 있는 만큼, 자연스레 이야기가 되었을 텐데 싶어 아쉽습니다.

한편, 보기글을 쓴 분은 "삼三겹살"이 아닌 "세겹살"을 구워 먹는다고 이야기합니다. 테라스와 발코니하고 또 다른 "데크"에서 양주 한잔 걸치기를 좋아하는 분이라고 하면서, 이 대목에서는 뜻밖에도 한자어 "삼三"이 아니라 "세"라는 토박이말을 넣어 이야기합니다.

잠깐 아리송합니다. 글을 잘못 읽었나 싶어 거듭 읽고 다른 자리를 살펴보는데, 글쓴이는 다른 자리에서도 어김없이 "세" 겹살이라고만 말합니다.

오늘날 우리 둘레 고기구이집을 살피면, 거의 모든 집에서 "삼"겹살만 다룹니다. 살이 다섯 겹일 때에는 "다섯"겹살이건만, 이때에도 "오五"겹살이라고만 합니다. 저는 이때까지 수많은 고기구이집 가운데 딱 한 군데에서만 "세"겹살이라고 쓰는 모습을 보았습니다.

골목이나 찻길마다 다른 골목이나 찻길하고 이어질 때면 여러 갈래가 됩니다. 이때 "두거리"나 "세거리"나 "네거리"나 "닷거리"가 됩니다. 때로는 "여섯거리"나 "일곱거리"도 될 테고요. 그러나 교통정책을 꾸리는 공무원이든 경찰이든, 그냥저냥 자동차 모는 사람들이든 하나같이 "이거리-삼거리-사거리-오거리"만을 이야기합니다.

어느 노래꾼은 "세 박자"를 노래했습니다만, 이이가 애써 "세 박자"를 노래했어도, 이 나라 초등학교 노래책에는 "세 박자-네 박자"가 아닌 "삼 박자-사 박자"라 적혀 있고 교사들 입에도 이런 "삼三-사四"가 익숙합니다. 그나마 아이들을 운동장에 모아 놓고 운동을 시킬 때에는 용케 "하낫! 둘! 셋! 넷!" 하고 소리를 붙입니다만.

낱말책을 다시 뒤적여 "세겹살"을 찾아봅니다. 낱말책에 번듯하게 올림말로 실려 있습니다. 그러나 뜻풀이는 달려 있지 않습니다. "세겹살=삼겹살"이라고 밝힌 뒤 "삼겹살"을 찾아보도록 다룹니다. 다른 토박이말도 으레 이와 비슷하게 대접을 받습니다. 예부터 써 왔건 사람들이 익히 쓰건, 낱말책은 우리 말을 우리 말답게 대접하지 않습니다. 어쩌면, 오늘날 우리 말 대접이 똥대접이기 때문에, 이처럼 해 놓는 일이 "올바른(?) 우리 말 대접"이라 할는지 모릅니다.

사람이 사람다울 수 없으며, 세상이 세상다울 수 없는 이 땅에서는 책이 책다울 수 없는데다가 말이 말답지 못합니다. 우리 생각을 거침없이 드러내거나 나눌 자유가 없이 국가보안법에 짓눌리고, 우리 마음을 스스럼없이 펼치거나 함께할 권리가 없이 통신검열이 되살아나고 있습니다.

사람이 사람다울 수 있는 자리에 학문이 학문답게 뿌리를 내립니다. 세상이 세상다울 수 있는 터전에 말이 말답게 줄기를 뻗습니다. 얼과 넋이 얼과 넋다이 아름다울 수 있어야 비로소 우리 일과 놀이는 기쁨과 보람과 즐거움이 가득한 일과 놀이로 새로워지거나 새삼스러워집니다.

일겹살/이겹살/삼겹살/사겹살/오겹살
→ 한겹살/두겹살/세겹살/네겹살/닷겹살(다섯겹살)

머리를 틀어 올리고 <u>에이프런</u>을 두른 평범한 가정 주부가 말도 안 되는 심술을 부린다는 발상은 매우 신선한 <u>아이디어</u>였다.

「꺼벙이로 웃다, 순악질 여사로 살다」, 박인하, 하늘아래 2002, 102쪽

　우리 한국사람들 가운데에는 "앞치마"라는 말을 몰라서 "에이프런apron"이라고 말하는 사람이 있는가 봅니다.

　앞치마를 "앞치마"라 하지 않고 "에이프런"이라고 말하는 분이 쓰는 글이니, 생각을 하는 일을 가리킬 때 "생각"이라 쓰지 못하고 "발상"이나 "아이디어"로 쓰는구나 싶습니다.

　보기글을 눈여겨보면 겹치기로 쓰인 글이 있습니다. "발상은 매우 신선한 아이디어였다"고 적었는데, "발상"과 "아이디어"는 같은 말입니다. 더욱이, "아이디어"는 한자말 "발상"으로든 "착상"으로든 "착안"으로든 고쳐써야 하는 말이기도 합니다. 또는, 토박이말 "생각"으로 고쳐써도 넉넉합니다. 그러니까 "심술은 부린다는 발상은 매우 신선한 아이디어였다"는 "심술을 부린다는 생각은 매우 새로웠다"로 손봅니다.

　우리는 우리 스스로 "생각을 바꾸면서" 우리 삶을 추슬러 나가야지 싶습니다. 서울 광화문 앞에 모여서 촛불모임을 하는

까닭도 "생각을 바꾸"고 "삶을 바꾸"고 "세상을 바꾸"자는 움직임 아니겠습니까.

우리 밥상에 올릴 먹을거리 하나 아무렇게나 올릴 수 없다고, 우리 몸을 헤아리면서 올려야 한다고 외치고자 한 사람 두 사람이 모입니다. 먹을거리 문제는 미친 소고기 하나만이 아닐 터이나, 이 하나를 깨달으면서 다른 먹을거리 문제도 깨달아 가고, 또 먹을거리 문제를 넘어서 우리 사회를 둘러싼 온갖 말썽과 골칫거리와 생채기와 고름을 깨달아 간다면, 차츰차츰 더 나은 세상을 일구어 갈 수 있으리라 믿습니다.

말다운 말을 하고, 글다운 글을 쓰는 일도, 우리 삶을 더 나은 쪽으로 추스르거나 북돋우는 일이라고 생각합니다. 생각과 말과 움직임, 이 세 가지가 고르면서 아름답게 어우러질 때, 우리가 다 다른 자리에 서 있으면서도 서로 도우면서 즐거웁지 않으랴 싶습니다. 우리 삶이 어떻게 이루어져 있는지, 우리 삶터가 어떻게 굴러가고 있는지, 속 깊이 생각하고 보듬으면서 우리 얼과 넋 또한 살뜰히 매만져 나가면 좋겠습니다.

발상의 전환 → 생각을 바꿈

시대착오적 발상 → 시대를 거스르는 생각

획기적인 아이디어 → 놀라운 생각

아이디어를 내다 → 좋은 생각을 내다

대부분은 학계나 문화계에 <u>우뚝 솟아 있는 분</u>들이지만, 처음으로 책을 냈을 당시는 거의 이름이 알려지지 않았던 분들도 간혹 있다.

「출판 현장의 이모저모」, 김성재, 일지사 1999, 34쪽

"대부분大部分"은 "거의 모두"로 다듬습니다. "당시當時"는 "그때"로 손보고, "간혹間或"은 "어쩌다가"나 "드문드문"으로 손봅니다.

"거목"과 "거성"은 크다 할 만한 어르신이나 어떤 갈래에서 뛰어난 사람을 빗대는 자리에 쓰는 말입니다. "선생은 한국 문단의 거목이다", "그는 장차 민족의 거목이 되어 이름을 남길 인물이다", "국어학계의 거성", "민족의 거성은 마침내 가고 있습니다"처럼 씁니다. 보기글에서는 "우뚝 솟아 있는 분"이라고 적었지만, 글쓰는 분들은 으레 "거목巨木"이나 "거성巨星"이라는 한자말을 즐겨씁니다. 한편, "우뚝 솟은 분"이란 "우뚝 솟은 나무"와 같으니, "거목"을 글쓴이 나름대로 풀어 쓴 말이라 할 수 있습니다.

조금 더 생각해 봅니다. 굳이 "거목"이나 "거성"처럼 쓰지 않아도 되지 않으랴 싶습니다. 큼직한 나무와 같은 분이라 한다면 "큰나무" 같다고 하면 됩니다. 커다란 별과 같은 분이라 한다면 "큰별" 같다고 하면 됩니다. 말 그대로 마음이며 생각이며 큼직큼직한 분이라 한다면 "큰사람"이라고 할 수 있습니다. 어른 가운데에도 훌륭한 어른이라면 "큰어른"으로 모실 수 있고요.

또는 "큰뫼"나 "높은뫼"라고, "너른바다"나 "깊은바다"라고, "높은하늘"이나 "너른하늘"이라고 이름을 붙이면서 우러러볼 수 있습니다.

거목 → 큰나무, 큰사람, 큰어른

거성 → 큰별, 큰사람, 큰어른

…

길바닥 장사

방귀 뀐 놈이 성낸다고 승용차 운전사가 나오더니 왜 <u>길바닥에</u>
<u>서 장사를 하느냐</u>고 할머니에게 성을 내더란다.

「지겹도록 아름다운 사람들아」, 오도엽, 후마니타스 2008, 236쪽

"승용차乘用車 운전사運轉士"는 그대로 두어도 나쁘지 않으
나, "승용차 모는 이"나 "차 몰던 사람"으로 다듬어 볼 수 있습
니다.

길바닥에서 장사를 하는 분들이 있습니다. 가게를 내어 장사
를 할 수 없으니 길바닥에서 장사를 합니다. 땅을 깔개 삼고 하
늘을 이불 삼는 한뎃잠이마냥, 지붕 없는 길바닥에서 햇볕과
바람과 비와 눈을 고스란히 맞으면서 장사를 합니다. 두 다리
쭉 뻗기 힘들고, 앉아도 잔뜩 웅크리고 있어야 하니 몸이 성하
기 어려우나, 한 해고 열 해고 두 해고 스무 해고 길바닥 장사
를 이어 갑니다.

한자말로 가리키는 "노점상"이라는 낱말을 뜯어봅니다. "노
점露店＋상商"이니 "노점에서 장사하는 일이나 사람"을 가리
킵니다.

이와 마찬가지로, 책을 팔아 "책장사"이고 옷을 팔아 "옷장

사"이듯, 가게에서 장사를 하니 "가게장사"이고 길에서 장사를 하니 "길장사"입니다. 말 그대로이고 뜻 그대로입니다. 보이는 그대로이고 움직이는 그대로입니다.

지난날 사람들이 "露店"과 "商"이라는 한자를 엮어 "노점상"이라고 했다면, 오늘날 우리는 "길"과 "장사"라는 토박이말을 엮어 "길장사"라 할 만합니다. 또, 이렇게 말해야 한결 알맞고 올바르지 않느냐 싶습니다.

길을 가니 길손이요, 함께 길을 가서 길동무이며, 길에서 먹으니 길밥이고, 길을 그려 놓으니 길그림입니다. 길에서 살듯 일을 하거나 길을 좋아하니 길사람이고, 어디로 나아갈까 헤아리면서 길머리를 찾고, 반가운 이를 맞이하고자 길마중을 나갑니다.

노점상(길바닥 장사) → 길장사

하지만 아버지는 곧바로 병들어 저세상 사람이 된다.

「해협, 한 재일 사학자의 반평생」, 이진희(이규수 옮김), 삼인 2003, 273쪽

    돌아가신 분이 있을 때 "고인故人의 명복冥福을 빈다"고 흔히 말합니다. "죽은 이가 저승에서도 잘살기를 빈다"는 뜻으로 하는 말입니다. 예부터 써 왔으니 오늘날에도 쓴다고 할 테고, 앞으로도 꾸준히 써도 괜찮다고 여길 수 있습니다. 그러나 한문이 아닌 한글을 쓰는 우리요, 우리 나름대로 우리 말투를 하나둘 꾸려 나갈 때가 한결 낫다고 생각하는 마음이라면, "돌아가신 이를 기립니다"라든지 "떠나가신 넋이 걱정없이 잠드시기를 빕니다"라든지 "고이 잠드시기를 빕니다"라고 말할 수 있지 않으랴 싶습니다.

    죽는 모습을 가리키는 자리에서도, 급사急死나 추락사墜落死나 요절夭折이나 익사溺死나 동사凍死와 같이 말하지 않을 수 있습니다. 예전부터 써 오던 말이라고 하나, 예전에도 "갑자기 죽다"나 "떨어져 죽다"라고 했고 "일찍 죽다"나 "젊은 나이에 죽다"라고 했으며 "물에 빠져 죽다"나 "얼어서 죽다"라고도 했습니다. 오늘날도 이렇게 말하는 한편, 앞으로도 이처럼 말할 수 있습니다.

병이 들어서 죽었으니 "병으로 죽다"입니다. 병이 든 사람은 몸이 나빠졌기 때문이니 "몸이 나빠서 죽"거나 "몸이 좋지 않아서 죽"은 셈입니다. 몸이 안 좋은 이들은 "몸이 아픕"니다.

어쩌면 한 낱말로 "몸아파죽음"이나 "몸앓이죽음"처럼 적어도 되지 않으랴 싶은데, 이렇게 적어도 괜찮아 보이지만, 그냥 관용구처럼 "몸 아파 죽음"이나 "병들어 죽음"으로 적어 주기만 해도 넉넉하다고 느낍니다.

병사로 밝혀졌다 ⟶ 몸이 나빠서 죽었다고 밝혀졌다

감옥에서 병사했다 → 감옥에서 아파서 죽었다

일찍 병사한 남편 → 일찍 병들어 죽은 남편

그 시절에는 그와 같은 피부색을 가진 사람들이 도시 해변에 들
어가는 일은 허락되지 않았다. 그때에는 요즘 그가 하는 것처럼
바닷가에서 몸을 씻을 수가 없었다.

「곡쟁이 톨로키」, 자케스 음다(윤철희 옮김), 검둥소 2008, 163쪽

　낱말책에서 "시절時節"을 찾아봅니다. "(1) 일정한 시기나
때 (2)＝계절(季節) (3) 철에 따르는 날씨 (4) 세상의 형편"으
로 나옵니다.
　한 번은 "때"를 넣고, 한 번은 "시절"을 넣으면서 곱씹어 봅
니다. 그때/그 시절. 이때/이 시절. 저때/저 시절. 젊은 때/젊은
시절. 대학생 때/대학생 시절. 농사짓던 때/농사짓던 시절. 호
랑이 담배 피우던 때/호랑이 담배 피우던 시절. 꽃 피는 때/꽃
피는 시절.
　이번에는 "시절" 자리에 "날씨"와 "세상"을 넣으며 헤아려
봅니다. 날씨가 좋아서 농사가 잘되었다/시절이 좋아서 농사
가 잘되었다. 세상이 어수선하다/시절이 어수선하다.
　이와 마찬가지로 "꽃 피는 때"는 "꽃 피는 철"로 적어 보아도
되겠지요. "때에 맞추어 고른 듯한"은 "철에 맞추어 고른 듯한"
으로 적어도 좋고요.

"그 시절"이나 "이 시절"이라고 쓴다고 해서 틀리지는 않습니다. "꽃 피는 시절"이나 "시절이 좋아서"가 잘못된 말이라고도 생각하지 않습니다.

그렇지만, "그때-이때-저때"라고 하는 쪽이 더 좋지 않으랴 싶습니다. 또 "철"과 "날씨"와 "세상"과 "세상흐름" 같은 말을 넣어 보아도 넉넉하다고 느낍니다.

그 시절에는 ── 그때에는

생각 있는 사람

> 소녀 폭행사건과 대리서명 거부는 전국적으로도 커다란 뉴스거리여서,
> <u>생각 있는</u> 많은 사람들의 관심을 오끼나와로 집중시켰다.
>
> 「오끼나와 이야기」, 아라사끼 모리테루(김경자 옮김), 역사비평사 1998, 117쪽

예전에는 저도 그다지 깊이 생각하지 않고 지나쳤습니다. 그래서 참 좋구나 싶은 말을 보든, 참 얄궂구나 싶은 글을 읽든, 그러려니 하고 흘려보냈습니다. 이제 와 돌아보면, 저뿐 아니라 누구나 우리 말과 글을 놓고 깊이 생각하지 않으니, 좋은 말이 좋은 말인 줄 느끼지 못하고, 얄궂은 글이 얄궂은 줄 느끼지 못하지 싶습니다. 이러는 가운데 좋은 버릇은 들이지 못하고, 얄궂은 물이 자꾸 들면서, 당신 스스로도 안타깝고, 우리 나라나 문화로 보아도 안쓰러운 쪽으로만 치닫고 있습니다.

으레 "지각知覺 있는"이나 "의식意識 있는"이라고 말합니다. 낱말책을 뒤적여 봅니다. "의식"은 "(1) 깨어 있는 상태에서 자기 자신이나 사물에 대하여 인식하는 작용, (2) 사회적·역사적으로 형성되는 사물이나 일에 대한 개인적·집단적 감정이나 견해나 사상"으로, "지각"은 "(1) 알아서 깨달음, (2) 사물의 이치나 도리를 분별하는 능력"으로 적혀 있습니다.

그런데 더러 "생각 있는"이라는 말도 듣습니다. "생각이 있다"라. 아무렴, 생각이 없는 사람이 있을까마는, 사람들 매무새나 움직임이나 말씨를 살피면, 참말 아무 생각이 없구나 싶은 모습이 꽤 자주 보입니다.

낱말책에는 "생각있다"가 실리지 않습니다. "생각없다"도 실리지 않습니다. 그렇지만, "그런 생각 없는 사람이 어디 있어?"라든지 "참 생각 있는 분이로구나!" 하는 말을 들을 때면, "생각+있다/없다"를 한 낱말로 삼아서 "생각있다/생각없다"를 새로운 낱말로 실어 놓아도 좋지 않겠느냐고, 아니 이제는 이와 같은 낱말을 실어야 하지 않겠느냐고 생각합니다.

한편, 가지치기를 해서 "생각깊다"와 "생각얕다" 같은 새말을 빚을 수도 있습니다. 한 번 더 가지치기를 해서 "생각넓다"와 "생각좁다"도 빚을 수 있습니다.

또 "깊은생각"과 "얕은생각" 같은 말을 빚어 봅니다. "넓은생각"과 "좁은생각" 같은 말도 빚어 봅니다. "생각"을 말뿌리로 삼아서 "큰생각"과 "작은생각"을 빚어도 좋고, "사람생각"이나 "책생각"이나 "그림생각" 같은 말을 써 보아도 괜찮습니다.

지각 있는 사람/의식 있는 사람 → 생각 있는 사람

생각있는 사람/생각없는 사람

생각깊은 말/생각얕은 말

…

도망쳐 숨다

> 그 무렵 나라와 나라 사이에는, 한 나라에서 다른 나라로 <u>도망쳐</u>
> <u>숨는 것</u>을 인정해 주도록 되어 있었다.

「무솔리니」, 구위드 다메오(이우석 옮김), 학원출판공사 1989, 148쪽

"국가 간國家間"이라 하지 않고 "나라와 나라 사이에는"이라
적으니 반갑습니다. 어린이책이라서 우리 말을 조금 더 헤아리
면서 이처럼 적은 듯합니다. 그러나 "인정認定해"는 아쉽습니
다. "받아들여"로 다듬으면 한결 낫습니다.

흔히 "망명亡命을 가다", "망명 길에 오르다" 같은 말을 씁니
다만, 보기글에서는 "망명"이라 하지 않고 "도망쳐 숨는 것"이
라고 적으니 또한 반갑습니다.

우리 지난날을 돌아보면, 독립운동을 하던 분들도 "도망쳐
숨는 길"에 올랐고, 이 자그마한 땅에서 독재정권을 휘두르던
분들도 "도망쳐 숨는 길"에 올랐습니다. 나라를 지키려고 하던
분들도 제 나라에 몸을 붙이지 못했지만, 나라를 집어삼키려고
하던 분들도 그예 이 나라에 뿌리를 내리지 못했습니다.

오늘날 우리 세상은 어떻게 달라졌는지 잘 모르겠습니다. 다
만, 오늘날에도 이 땅 이 나라를 옳게 지키고자 하는 이들은 끝

없이 눌리고 긁히고 다치고 쓰러지며 고달프게 사는데, 이 땅이 나라를 집어삼키거나 움켜쥐면서 돈-이름-힘을 울궈 내려고 하는 이들은 자꾸자꾸 더 떵떵거리지 않느냐 싶습니다.

그래도 "어둠이 빛을 이길 수 없다"는 말을 믿으면서 살아야 할까요. 빛을 이기려 하는 어둠이 나중 숨을 거두고 죽을 자리에 이르러서는, 당신 지난날이 얼마나 부끄럽고 우스꽝스러웠는지 돌아보면서 눈물을 흘릴 수 있을까요.

그런데 우리가 숲에서 <u>삼림욕</u>을 하며 좋은 기운을 얻을 수 있는
것도 다 저 징그럽고 하찮게 보이는 애벌레들 때문인지 몰라…

「곶자왈 아이들과 머털도사」, 문용포와 곶자왈 작은학교 아이들, 소나무 2008, 58쪽

　우리한테는 "숲"이 있습니다. 숲은 듬성듬성 하기도 하지만,
빽빽하거나 촘촘하거나 우거져 있기도 합니다. 나무로 이룬 숲
이 있고 꽃으로 이룬 숲이 있으며, 오늘날 한국처럼 아파트로
숲을 이루기도 합니다.

　좋기로는 나무숲이 가장 좋고, 아쉬우나마 풀숲도 좋은데,
아파트숲만 가득하다면, 우리 삶터는 무척 팍팍하고 숨이 막히
며 괴롭지 않으랴 싶습니다. 그래도 도시사람들은 아파트숲과
빌딩숲에서 아무렇지도 않아 하면서 돈벌이에 푹 빠져 있는데,
벌어들이는 돈만큼 몸과 마음을 씻어 내려고 적잖은 돈을 되쓰
고 있음을 돌아보아야 하지 않을까요. 처음부터 몸과 마음이
깨끗할 수 있는 돈벌이나 일자리를 찾았다면, 일할 때에도 즐
겁고 일을 마치고 놀 때에도 한결 즐겁지 않을까 싶습니다.

　"삼림욕森林浴"을 낱말책에서 찾아보면 "병 치료나 건강을
위하여 숲에서 산책하거나 온몸을 드러내고 숲 기운을 쐬는

일"이라 적혀 있습니다. "삼림＋욕"은 "숲＋씻기"이니, "숲씻이"로 다듬습니다. 그리하여 보기글에서 "숲에서 삼림욕을 하며"는 "숲에서 마음을 씻으면"으로나 "숲에서 몸과 마음을 씻으면"으로나 "숲씻이를 하면" 따위로 손봅니다.

일하는 동안 저절로 마음씻이나 마음닦이가 되어 준다면 그지없이 즐겁습니다. 놀이하는 동안 스스럼없이 몸씻이나 몸닦이가 되어 준다면 더없이 반갑습니다. 집에서 식구들하고, 마을에서 이웃과 동무 들하고 어깨동무를 하면서 몸마음닦이와 몸마음씻이를 함께한다면 참으로 기쁩니다.

몸에 남은 고단함을 풀고 마음에 깃든 찌꺼기를 털어 냅니다. 몸에 스미려는 짜증을 씻고 마음에 파고들려는 어리석음을 떨굽니다.

나 하나 잘되는 삶이 아니라, 나 하나부터 즐거우면서 내 둘레 사람 누구나 잘될 수 있는 삶으로 가꿉니다. 나 하나 생각으로 그치지 않고, 나 하나부터 깊이깊이 돌아보면서 내 둘레 사람을 찬찬히 돌아보는 삶으로 거듭납니다. 나 하나 지키는 삶이 아니라, 나 하나부터 알뜰히 보듬는 가운데 내 둘레 사람 모두 제 삶을 보듬는 넉넉함을 잃거나 잊지 않도록 도와주고 거들면서 모둠살이 어루만지는 삶으로 새로워집니다.

어디 멀리까지 자가용을 끌고 가야만 즐길 수 있는 숲이 아니도록. 우리 마을과 일터 가까이에 있어서 어느 때라도 걷거나 자전거를 타고 찾아가서 즐길 수 있는 숲이도록. 우리는 우리 손으로 우리 터전 곳곳을 사람과 숲과 뭇 목숨붙이가 오순도순 지낼 보금자리로 마련하면서.

삼림욕(삼림森林＋욕浴) → 숲씻이(숲＋씻기)

낮과 정오

예를 들어 여기가 낮 정오라면, 여기서 동쪽 90도인 곳은 석양이
지는 때일 것이고…

「의산문답」, 홍대용/이숙경, 김영호 옮김, 꿈이있는세상 2006, 132쪽

"예例를 들면"은 "보기를 들면"이나 "이를테면"으로 다듬고,
"석양夕陽이"는 "해가"로 다듬어 줍니다.

많은 분들이 때매김으로 "정오正午"라는 말을 쓰는데 더러
올바른 뜻을 모르고 쓰는 분들이 있습니다. "정오"는 "한낮",
그러니까 "낮 열두 시"를 가리키는 한자말입니다. 그러니까 보
기글에서 "여기가 낮 정오라면"은 "여기가 낮 열두 시라면"이
라거나 "여기가 한낮이라면"으로 손보아야 합니다.

"정오"를 앞둔 이른 낮은 "상오上午"라고 하고, 늦은 낮은
"하오上午"라고 합니다. 요즘은 오전午前과 오후午後라는 말을
더 즐겨 쓰지요.

한자말을 쓰는 일이 잘못은 아닙니다. 어느 말을 쓰든 올바
르게 쓰지 못하는 일이 잘못입니다. 알맞게 써야 할 자리에 알
맞지 못하게 쓰니 잘못입니다.

어쩌면, 학교에서 아이들한테 때매김을 제대로 가르치지 못

하기 때문인지 모릅니다. 학교 교사들부터 때매김을 제대로 몰라서 아이들한테 엉터리로 가르치기 때문일는지도 모릅니다. 학교에 들기 앞서 집에 있는 어버이부터 아이들한테 때매김을 올바르게 일러 주지 못한 탓일는지도 모릅니다. 대학교도 나오고 대학원도 나온 똑똑한 우리 어른들이 외려 때매김조차 못하고 있는 탓일는지도 모릅니다.

한식구와 공동체

사람들이 같이 일하고 먹고살 적에는, <u>가난한 사람</u>하고 <u>부자</u>가
따로 없었습니다. 모두가 <u>한 식구</u>처럼 살았거든요.

「지구를 구하는 경제책」, 강수돌, 봄나무 2005, 166쪽

　퍽 예전부터 궁금했습니다. "가난뱅이"는 토박이말로 있는데,
"부자富者"는 왜 한자말로 있을까 하고. 돈이 없거나 적은 살림
을 가리키는 말은 토박이말로 "가난"이면서, 돈이 많거나 넉넉
한 살림을 가리키는 말은 왜 한자말로 "부유富裕"일까 하고.
　머리통이 굵어지고 여러 낱말책을 찾아보던 어느 날, 우리
토박이말로도 돈이 많거나 넉넉한 살림을 가리키는 낱말이 있
음을 뒤늦게 배웁니다. 토박이말로는 "가멸다"입니다. 돈이 아
주 많은 살림을 "가멸차다"고 합니다. 그러니까 여느 "부자"라
면 "가면이"이고, "억만장자"라면 "가멸찬이"입니다.

　사람들 삶이 조각조각 갈라지거나 찢기거나 나뉘는 세상입
니다. 제 뱃속을 채우는 일에만 마음을 쏟는 세상입니다. 이웃
사람 살림에는 눈길 한 번 두지 않는 세상입니다. 이런 세상 흐
름을 안타까워하는 적잖은 이들이 "옛날 우리 삶인 다 함께 일
해서 다 함께 먹고 다 함께 쓰던 모습"을 되찾아야 한다고 이야

기합니다. 그러면서 꺼내는 말이 "공동체"입니다.

요즘에 많은 분들이 지난날 우리 삶을 돌아보면서 "공동체共
同體"를 이야기합니다만, 지난날에 우리 삶이 어떤 모습인가를
가리키는 자리에서는 "공동체"라는 말을 쓰지 않았으리라 봅
니다. 한자말 "공동체"가 쓰인 지는 얼마 되지 않았거든요. 따
로 한 낱말로 이루어져 있지 않았을 테지만, "함께살기"를 했
다고, "함께 살았다"고, "한식구로 지냈다"고 이야기하지 않았
겠느냐 싶습니다.

한자말 "공동체"를 뜻을 풀면 "공동으로 몸을 이룸"이니 "함
께 한몸을 이루기"라는 말이고, 이 말을 다시 간추려 빚으면
"함께살기"가 됩니다.

도시사람이건 시골사람이건, 따로 토박이말을 깊이깊이 파
헤치거나 알아보지 않은 사람들 입에서 저절로 "함께 살다-같
이 살다-더불어 살다"라는 말이 튀어나옵니다. '한식구'라는
말은 누구나 합니다. 그렇건만, 이러한 말씨가 낱말책에 올림
말로 실린 적은 여태껏 한 번도 없습니다.

문득문득 느끼는데, 우리가 살아가면서 쓰는 수많은 말 가운
데 국어학자들이 넉넉한 품으로 껴안으면서 실어 놓은 낱말은
몇 안 되지 싶습니다. 학문으로 새 낱말을 다루기는 하지만, 삶
으로 새 낱말을 받아들이지는 못한다고 느낍니다. 우리는 예나
이제나 있으면 있는 대로 없으면 없는 대로 "서로 도우며" 살

있습니다. "서로돕기"나 "서로돕다" 같은 새 낱말을 지어낼 생각은 못하였지만, 이렇게 살아왔습니다. "이웃돕기"라는 새 낱말을 지어내지 않았어도 "이웃을 도우며" 살았습니다. "마음나눔"이라는 새 낱말을 짓지 않았으나 "마음을 넉넉히 나누며" 살고 있습니다.

말이란, 삶이란, 사람이란 어떤 모습인가를 가만히 돌아보게 됩니다. 우리가 쓰는 말이란 무엇일까요. 우리가 꾸리는 삶이란 무엇인가요. 우리 사람은 어떤 목숨붙이일는지요.

우리가 주고받을 말이란, 우리가 널리 나눌 말이란, 우리가 뒷사람한테 물려줄 말이란 어떤 모습 어떤 빛깔일 때여야 좋을까요. 차근차근 짚고, 하나하나 다스리며, 차곡차곡 모두어, 하나둘 갈무리해야지 싶습니다.

공동체 생활을 하다 → 한 식구처럼 살다
공동체 생활 → 한식구로 살기, 한식구 삶, 함께살기

나는 지금도 한미FTA 추진에 대한 노 전 대통령의 <u>진짜 생각</u>이
정말 궁금하다.

「당당한 아름다움」, 심상정, 레디앙 2008, 112쪽

　　아직 어줍잖기는 해도 이만큼 애쓴 땀을 헤아린다면, "한미
FTA 추진에 대한 노 전 대통령의 진짜 생각이 정말 궁금하다"
처럼 적은 보기글이 여러모로 놀랍습니다. 여느 정치꾼들은
"한미FTA 추진에 대한 노 전 대통령의 진의가 정말 의문스럽
다" 따위로 적었을 테니까 그렇습니다. 적어도 이 보기글을 쓴
분은 "진의眞意"가 아닌 "진짜 생각"으로 적었고, "의문疑問스
럽다"가 아닌 "궁금하다"로 적었습니다.
　　"진의"는 말 그대로 "진짜 생각"이니, "참생각"이며 "참뜻"
이며 "속생각"입니다. 이 말에 견주어, "가짜 생각", "거짓생
각"도 생각해 볼 수 있고, "숨은뜻", "숨긴생각" 같은 낱말로 가
지를 넓힐 수 있겠습니다. 보기글에서 "진짜 생각이 정말 궁금
하다"는 "속생각이 참말 궁금하다"라든지 "참생각이 무척 궁금
하다"라든지 "속내가 더없이 궁금하다"처럼 쓸 수도 있습니다.
　　처음부터, "노무현 옛 대통령은 한미자유무역협정을 왜 밀
어붙였는지 궁금하다", "노무현 옛 대통령이 한미자유무역협

정을 굳이 밀어붙인 속내가 궁금하다" 처럼 적어 주기를 바랄
수는 없는 노릇입니다. 이렇게 적어 주면 그지없이 반가울 테
지만, 이렇게 쓰기까지는 퍽 기나긴 동안 땀을 흘려야 합니다.
낱말만 살펴서는 될 일이 아니요, 말투를 돌아본다고 이룰 수
있는 일도 아니며, 우리 말 이야기를 다룬 책을 열 권 스무 권
읽어도 이처럼 쓰기는 어렵습니다. 이처럼 쓰자면, 우리 스스
로 어린이 마음이어야 합니다. 이와 더불어 할머니 마음이어야
합니다. 그리고, 학교 문턱을 못 밟은 사람 마음이어야 합니다.
여기에, 한국말을 처음 익히는 나라밖 사람 마음이어야 합니
다. 이를테면 이주노동자라고 해 볼까요. 낯선 땅에 돈을 벌러
온 이주노동자들이 처음 한국말을 익힐 때 마음이라고 할까요.

　말을 살리는 일은 제 삶을 살리고 제 넋과 얼 또한 살리는 일
입니다. 말 한 마디를 살리면서 우리 삶 한 자리를 차근차근 살
립니다. 우리 삶 한 자리를 차근차근 살리는 가운데 우리 넋과
얼이 새로워집니다. 아름답게 빛나든 그리 밝지 않게 빛나든
나날이 싱그러움을 더해 갑니다. 작은 한 가지를 들여다보는
마음이기에, 내 둘레에서 내 자그마한 힘으로 할 수 있는 일이
무엇인가를 좀더 찬찬히 둘러봅니다. 천리길을 왜 한 걸음부터
걸어야 하는지, 티끌을 모으면 왜 큰산이 되는지, 첫 술에 어이
하여 배부를 수 없는지, 몸으로 느끼고 마음으로 깨달으며 가
슴으로 새깁니다.

말을 살리지 못하면 내 삶을 살리기 어렵습니다. 나와 남 사이에 두툼한 담을 올리는 꼴입니다. 내 생각을 남들이 제대로 헤아려 주지 못한다고 투덜거리거나 투정을 부리다가 그만 앵돌아지기도 합니다. 나로서는 모든 담을 허물고 넉넉히 껴안으려고 다가서는데, 이웃이나 동무는 선뜻 다가오지 못한다고 외로워하기도 합니다. 이러는 가운데, 내 힘으로도 넉넉히 이룰 수 있는 작은 아름다움과 작은 사랑과 작은 믿음을 조금도 펼치지 못합니다. 작은 일부터 하나하나 펼치지 못하다 보면 이내 버릇이 되어, 뒷날 크나큰 일 하나를 만나게 될 때에 몸이 굳어서 잘 움직이지 않아 버립니다. 딱딱하게 굳어 버립니다.

"진眞-"을 앞가지 삼아서 수많은 낱말을 짓습니다. 진실, 진리, 진인, 진담, 진언, 진심, 진의. 그러나 우리는 "참-"이나 "속-"을 앞가지 삼아서 새말을 짓지는 않습니다. 참생각, 참뜻, 참마음, 참사람, 참말, 속생각, 속뜻, 속마음, 속이야기. 아주 드물게 있을 뿐인데, 하나같이 먼 옛날 우리 옛사람이 지어 놓은 낱말일 뿐, 오늘날 우리가 우리 삶터와 사람들한테 걸맞도록 새롭게 지은 낱말은 거의 없습니다.

언제나 그렇습니다. 어느 일이든 그렇습니다. 우리가 하지 않으면 늘 그대로입니다. 일제강점기 때 지식과 학문버릇이 몸에 밴 국어학자들은 어쩔 수 없이 일본사전을 흉내 낸 "콘사이스 낱말책"을 엮어서, 어처구니없게도 토박이말보다 한자말이

사전에 더 많이 실리는 잘못을 저지르면서 57퍼센트니 70퍼센트니 하는 숫자놀음을 했습니다. 이 숫자놀음은 아직까지 사라지지 않습니다.

우리 스스로 우리 토박이말을 살찌울 뿐 아니라, 우리 깜냥껏 널리널리 사랑하며 아낄 낱말을 넉넉하고 푸지게 지어서 낱말책에 알뜰살뜰 담아내어 우리 말 푼수를 늘릴 생각을 거의 못 하거나 안 하면서 살고 있습니다. 하루에 한 마디씩 우리 낱말을 북돋우고 우리 말씨를 살찌우면서 우리 낱말책을 우리 얼과 넋이 애틋하게 담기는 신나는 말배우기 책이 되도록 생각을 고쳐먹지 못합니다.

스스로 생각을 고쳐먹지 못하면서 개혁과 변혁과 진보와 혁신 따위를 읊습니다. 우리 스스로 말투 하나 고치지 못하면서, 우리 스스로 말씨 하나 가다듬지 못하면서, 우리 스스로 말매무새 하나 추스르지 못하면서, 우리 스스로 말본새 하나 바꾸지 못하면서, 그 어떤 세상 얼거리와 정치 틀거리와 경제 짜임새를 뜯어고치겠습니까. 나부터 말 한 마디 올바르고 아름답게 일으켜 세우지 못하는데, 이 나라와 겨레를 어떻게 아름다이 일으켜 세우겠습니까. 내 마음속에 사랑스러운 낱말 하나 담아 놓지 못하면서, 어떻게 사랑스러운 정치꾼한테 더 많은 표가 가도록 이끌어 내겠습니까. 내 가슴팍에 믿음직스러운 말결 하나 스미게 하지 못하면서, 어찌 우리 세상에 민주와 평화와 평등과 통일이 서리기를 꿈꿀 수 있겠습니까.

아니, 꿈이야 꾸겠지요. 입으로만 벙긋거리는 꿈을. 몸으로는 움직이지 못하고 입으로만 벙긋벙긋거리는. 글로는 훌륭하게 이야기를 쓰지만, 몸으로는 하나도 옮기지 못하는 시늉을, 헛시늉을, 김빠진 시늉을.

그러고 보면, 일제강점기 때 지식인 손과 입을 거쳐서 들어온 말투가 사그라들기는커녕 되살아나면서 우리 사회 곳곳에 뿌리를 깊이 내리기만 할 뿐입니다. 이러는 가운데 영어 말투가 또 다른 뿌리를 내리면서 속속들이 퍼집니다. 우리 스스로 우리한테 고유한 말과 글을 가꾸면서 보듬기란 참 어렵습니다. 말과 글에 앞서 삶이 뿌리뽑히고 문화가 내동댕이쳐지며 넋과 얼이 짓밟힙니다. 말만 살릴 수 없고 글만 북돋울 수 없기에, 삶을 함께 살리고 문화를 같이 북돋우지 않는다면 아무런 쓸모가 없습니다.

우리 눈으로 우리 얼굴을 거울에 비춰 보아야 하고, 우리 손으로 우리 몸을 어루만지면서 추슬러야 합니다. 남 뒤꽁무니 좇아가는 따라쟁이가 아니라, 우리 스스로 우리 갈 길을 꿋꿋하게 걸어가야 합니다. 우리 삶은 우리가 힘껏 부딪치면서 일구고, 우리 말은 우리가 알뜰히 보살피면서 사랑해야 합니다.

다른 어느 누구보다도 우리가 쓸 말이니 그렇습니다. 우리 글이 세계에서 으뜸간다느니 아주 잘 짜여진 글이라느니 하면서 내세우려고 보살필 글이 아니요 사랑할 글이 아닙니다. 세

종 임금이 어떤 뜻으로 우리 글을 지었다 하더라도, 우리는 우리 생각을 나타내는 말을 담아내는 그릇인 글이 있어서 고맙고 즐거울 뿐입니다. 이러한 글을 고이 쓰다듬으면서, 글에 담을 말을 찬찬히 짚고, 말로 나타낼 생각을 넉넉히 그러모으는 가운데, 생각으로 꽃피울 넋과 얼이 무엇인지를 곱씹고 곰삭여야지 싶습니다. 얼과 생각과 말과 삶이 하나로 엮이도록, 넋과 마음과 글과 문화가 하나로 여미어지도록 우리 스스로를 차근차근 되돌아보아야지 싶습니다.

세상이 조금씩 나아진다고 하지만, 어느 대목에서 나아지는지 잘 모르겠습니다. 다만, 지난날과 달리 더 고르게 나누거나 함께하는 문화로 새로워지지 않느냐 생각합니다. 비록 얄궂다고 할 만한 말투가 늘고, 짓궂다고 할 만한 광고와 책이 넘치긴 해도, 겉치레 말이 부쩍 늘고, 관공서마다 영어 못 써서 안달이 난 듯 몸부림을 치기는 하지만, 좀더 고루 나눌 수 있는 말 문화로도 더딘 걸음을 내딛곤 합니다.

인터넷으로 국립국어원 누리집에 들어가면, "찾기" 창이 하나 있습니다. 이 찾기 창에 찾아볼 낱말을 넣으면, "표준국어대사전 검색"이라는 말이 창 아래에 달립니다. 찾아볼 낱말을 넣는 창 옆에는 네모난 말칸(이모티콘)에 "찾기"라는 낱말이 적혀 있습니다. 그 옆에는 "자세히 찾기"라고 적혀 있습니다.

다른 인터넷 누리집에서는 으레 "검색-상세 검색"으로 적히는 낱말이지만, 이곳 국립국어원에서는 "찾기-자세히 찾기"로 적어 줍니다. 그렇지만, 바로 밑에는 "표준국어대사전 검색"이라고 적어서, 앞뒤가 어긋납니다. 바로 같은 화면, 같은 자리에 두 가지 낱말로 적었으니 말입니다.

그나마 땀 흘려 몸부림친다고 하는 우리 말 문화가 이렇습니다. 그래도, "검색"만이 아니라 "찾기"도 함께 적어 주니 반갑습니다. 모자라나마 고맙습니다. 앞으로는 당신들이 얼마나 두동지게 말을 쓰고 있는지 깨달아, 조금이나마 부끄러움을 느껴서 좀더 웅글게 다스려 준다면 얼마나 좋을까 생각해 봅니다.

아침에 인터넷포털 네이버로 편지를 하나 띄우면서 "부피가 큰" 파일을 하나 붙였습니다. 이와 같은 파일을 보낼 때에는 으레 "대용량파일 첨부" 기능을 씁니다. 그런데 오늘은 화면에 다른 말이 뜹니다.

언제부터 "용량큰파일 첨부"로 이름을 고쳤는지는 모릅니다. 이러한 낱말을 잠깐만 쓸는지도 모릅니다. 그러나, 아주 잠깐만 이 이름을 쓴다고 해도, 또 시늉으로만 이 이름을 써 보았다고 해도, 여러모로 반갑습니다.

누구나 조금씩 생각을 기울여 보면 얼마든지 한결 걸맞고 알맞고 살갑게 낱말 하나 엮어 낼 수 있습니다. 말투나 말씨도 더욱 부드럽고 아름다이 여밀 수 있습니다. 우리 스스로 생각을 기울이지 않으니 좀더 낫다고 여길 만한 낱말이나 말투나 말씨를 못 찾고 못 느끼고 못 쓰고 있을 뿐입니다.

"대용량 첨부"에서 "용량큰 첨부"로 한 걸음 내딛어 보았다면, 앞으로는 "용량큰파일 붙이기"로 한 걸음 더 내딛을 수 있습니다. 그 다음에 다시 한 걸음 내딛으면서 "부피큰파일 붙이기"로 나아갈 수 있습니다. 그런 뒤에는 "큰파일 붙이기"로 나아갈 수 있습니다.

한 걸음씩입니다. 꼭 한 걸음씩입니다. 아주 더디다고 할지라도 한 걸음씩입니다. 좀 느린 듯 보일지라도 한 걸음씩입니다. 아직 모자라거나 엉성할지라도 한 걸음씩입니다. 앞으로 갈 길이 멀다지만 한 걸음씩입니다.

차근차근 추스르면 됩니다. 찬찬히 다독이면 됩니다. 알알이 다스리면 됩니다. 말이며 글이며, 또 넋이며 얼이며, 또 마음이며 생각이며, 우리 삶을 바탕으로 이웃 모두와 어깨동무할 만한 사랑스럽고 믿음직한 틀거리를 찾아나서면 됩니다.

대용량파일 첨부

→ 용량큰파일 첨부 → 용량큰파일 붙이기

→ 부피큰파일 붙이기 → 큰파일 붙이기

생각깊다

무솔리니가 그 <u>생각 깊은</u> 눈으로 사색에 잠겨 있기에는 다시없
이 좋은 곳이었다.

「무솔리니」, 구위드 다메오(이우석 옮김), 학원출판공사 1989, 164쪽

 "사색思索"을 한다고들 곧잘 이야기합니다. 어느 소설쟁이
는 "사색"이라는 이름을 내걸고 책 하나를 냈습니다. 또 어느
교수님은 감옥에서 쓴 글을 묶으면서 "사색"이라는 말을 뒤에
붙였습니다.
 누구나 생각을 합니다. 얕게 생각하든 깊게 생각하든 생각을
합니다. 어설프게 생각하든 야무지게 생각하든 생각을 합니다.
어수룩하게 생각하든 훌륭하게 생각하든 생각을 합니다.
 그렇지만 우리 말씀씀이를 찬찬히 돌아볼라치면, '말을 생각
을 가누며 하는 사람'은 뜻밖에도 참 적구나 싶습니다. 누구나
자기 말이나 글에 자기 생각을 담기는 할 텐데, "생각"을 담는
다기보다는 "할 말"만 담고, "할 말"을 들어 줄 사람들 마음까
지는 헤아리지 못한다고 느낍니다.

 보기글에 나오는 "사색"이란 "깊은생각"을 뜻하는 한자말입
니다. 그래서 보기글을 조금 손질하면 "생각 깊은 눈으로 깊은

생각에 잠겨 있기에는" 꼴이 됩니다. 아무개 눈이 "생각 깊은" 모양인데, 이런 모양으로 "깊은생각"에 잠겨 있다고 하니, 무언가 엉뚱하지요? 어딘가 얄궂지요?

그 생각 깊은 눈으로 "깊은생각(사색)"에 잠겨 있기에는

→ 그 그윽한 눈으로 깊은생각에 잠겨 있기에는

→ 그 깊은 눈으로 생각에 푹 잠겨 있기에는

→ …

드물지만, "생각"이라는 낱말을 책이름으로 쓰는 분들이 있습니다. 그렇지만 "헤아림"을 책이름에 쓰는 분들은 아주 드뭅니다. "살핌"이나 "살피기"를, "돌아봄"이나 "돌아보기"를, "살펴봄"이나 "살펴보기"를, "짚음"이나 "짚기"를 책이름에 쓰는 분들도 아주 드뭅니다.

우리는 우리 말로는 생각을 하지 않기 때문일까 궁금합니다. 날마다 우리 말을 한다고 이야기는 하지만, 정작 우리가 날마다 쓴다는 말은 참된 우리 말이 되지 못하기 때문일까 궁금합니다. 껍데기는 한국사람이고 한국말이고 한국땅이지만, 속알맹이는 조금도 한국사람이 아니고 한국말에서 벗어났으며 한국땅이 무너졌기 때문은 아닐까 모르겠습니다.

당시는 중국도 어지러웠다. 자주 <u>민란民亂</u>이 일어났다.

「기독교의 전교자 6인」, 신구문화사 1976. 37쪽

　역사책을 보면, 나라님이 끔찍하게 잘못을 많이 하여 백성들
이 도무지 마음놓고 살아갈 수 없을 뿐 아니라 늘 배곯으면서
군대로 자꾸 끌려가고 노예처럼 갖은 부역에 휘둘려서 억눌리
고 짓눌리며 괴로움에 시달리다 못하여 똘똘 뭉쳐서 들고일어
나는 일을 가리켜 한결같이 "민란"이라고 적어 놓습니다.

　1960년 4월혁명을 가리켜 독재자는 "폭동"이나 "소요 사태"
라고 했습니다. 1980년대 집회를 두고도 이 나라 군부독재자
는 늘 "폭동"이니 "소요 사태"라 했습니다.

　낱말책에서 "민란"과 "폭동"과 "소요"를 찾아보았습니다.
"민란"은 "백성들이 일으킨 폭동이거나 소요"라고 합니다. 그
러면 "폭동"이란 무엇이냐. "떼거지로 폭력을 일삼으며 사회를
어지럽히고 질서를 무너뜨리는 일"이라고 합니다. 그렇다면
"소요"는 또 무엇이냐. "사람들이 여럿 모여서 주먹을 휘두르
거나 으름장을 놓으며 부수고 무너뜨리며 사회를 어지럽히는
일"이라고 합니다. "민란民亂"이라는 한자말이 "백성＋어지러

움"이니 "백성이 어지럽게 함"이라는 뜻이기는 합니다.

그러나 백성들이 "들고일어난" 까닭은, 백성들이 "사회를 어지럽히고 싶어서"가 아닙니다. 나라님이나 벼슬아치가, 공무원이나 권력자가 "사회를 어지럽히고 있기 때문에, 이 어지러움을 잠재우거나 몰아내려는 마음"으로 들고 일어납니다. 그러니까 "민란"이라는 말은 "백성들이 들고일어나다"로나 "백성들이 떨쳐 일어나다"로 손보아야 마땅합니다. 보기글에서 "자주 민란이 일어났다"는 "자주 백성들이 들고일어났다"로, 나아가 "백성들은 괴로움을 견디다 못해 자주 큰소리를 냈다"로 손보아야 합니다.

그렇지만 지금 우리 낱말책에는, 더욱이 사회과학사전에는, 나아가 역사에도 문화에도 교육에도 그 어디에도 "괴로워하고 고달파하며 시름시름 잃는 백성들이 도무지 참을 수 없어서 이 세상을 올바르게 고치거나 새롭고 거듭나도록 하려고 움직이는 일"을 가리키거나 나타내는 낱말이 없습니다. 백성이든 시민이든 국민이든 민중이든, 여느 사람들은 힘과 이름과 돈이 있는 사람이 억누르거나 주무르면 된다는 생각이 널리 퍼져 있어서일까요. '나라'라고 하는 틀거리는, 다스리는 사람 몇몇 밑에 다스림을 받으며 시키는 대로 굴러가야 하는 사람들로 채워져야 하기 때문에 이러할까요.

여태까지는 낱말책 말풀이며 사회학 말풀이가 제대로 되어 있지 않아서 어쩔 수 없다고 여길 수 있습니다. 그러나 앞으로도 이대로 이어져야 하지는 않습니다. 앞으로는 달라져야지요. 아니, 앞으로는 바꿔야지요. 권력자 눈길과 눈높이대로 짜이고 엮인 낱말책을 뜯어고치고, 여느 사람들 위에서 우쭐거리는 사람들을 끌어내려서, 사람이면 누구나 같은 자리에서 같은 권리를 누리면서 평화롭고 사랑스럽게 어깨동무하면서 살아갈 세상을 이루어내야지요. 세상과 삶과 말과 문화 모두 평화요 평등이요 사랑이요 믿음이요, 하고 외치며 누릴 수 있도록 힘써야 할 줄 압니다.

민란民亂이 일어났다

→ 백성들이 화를 못 참고 일어섰다

→ 백성들이 더는 짓눌려 살 수 없어서 일어섰다

→ 백성들은 이대로 죽을 수 없기 때문에 일어섰다

→ 백성들은 갖은 시달림과 괴롭힘을 견딜 수 없어서 일어섰다

→ 백성들은 사람답게 살고 싶어서 들고일어섰다

⟶ …

박쥐들의 사랑 춤은 8월의 첫 며칠 동안 최고조에 달했다.

「다시 야생으로」, 어니스트 톰슨 시튼(장석봉 옮김), 지호 2004, 226쪽

　낱말책에는 "사랑춤"이라는 말이 실려 있지 않습니다. "사랑춤"을 한자로 옮긴 "애무愛舞"도 실려 있지 않습니다. 사랑하는 사람들이 서로를 쓰다듬고 비빔질하는 "애무愛撫"만 실려 있습니다. 다만 몇 가지, "사랑니"와 "사랑땜"과 "사랑싸움" 그리고 "사랑앓이" 들만이 실려 있습니다.

　"-사랑"을 뒤에 붙인 말은 낱말책에도 제법 실려 있습니다. 둘이서 서로 사랑하니 "맞사랑"이고, 한쪽에서만 사랑하니 "짝사랑"입니다. "내리사랑"이 있는가 하면 "치사랑"도 있습니다. "속사랑"도 "참사랑"도 있습니다.

　그렇다면 우리는 "사랑-"을 앞에 붙이거나 "-사랑"을 뒤에 붙인 다른 말은 쓰지 말아야 할까요. 아니겠지요? 낱말책에 실려 있든 실려 있지 않든, 우리한테 쓸 만한 말이면 쓰고, 쓸 만하지 않은 말이면 쓰지 않으면 됩니다.

　사랑하는 마음을 담아서 추니까, 사랑하는 사람한테 보여주고 싶으니까 "사랑춤"을 춥니다. 사랑을 담아서 부르니 "사랑노래"요, 사랑하는 사람들 삶을 담아내어 들려주니 "사랑이야

기"입니다. 사랑하는 마음을 함께 나누니 "사랑마음"입니다.

참되게 사랑하니 "참사랑"이듯, 눈속임으로 하는 거짓된 사랑은 "거짓사랑"입니다. 부부가 서로 아끼니 "부부사랑"이고 어른들이 아이를 아끼니 "아이사랑"입니다. 나아가 책을 좋아하면 "책사랑", 노래를 좋아하면 "노래사랑", 영화를 좋아하면 "영화사랑"입니다. "겨레사랑"을 할 수 있고 "나라사랑"을 할 수 있으며 "지구사랑"도 할 수 있습니다.

우리 마음을 담아서, 우리 뜻을 실어서, 우리 이야기와 삶을 고루 어우르면서 사랑을 하며 만나고 헤어지고 어깨동무를 합니다.

대개가 가족이 함께 산책하면 젖먹이 꼬마까지 <u>유모차</u>에 실려 끼어 있다.

「가난한 마음」, 김영교, 성바오로출판사 1979, 113쪽

   젖먹이 꼬마를 태우는 수레를 "유모차"라고 합니다. 이 유모차에는 으레 아기들이 탑니다.

   낱말책에서 "유모"와 "유모차"를 찾아보며 곰곰이 생각해 봅니다. 젖어머니, 그러니까 제 어미 말고 젖을 먹여 주는 아주머니를 가리켜 한자말로 "유모"라 하는데, 왜 "아기를 태우는 차"를 "아기차"라 말하지 않고 "젖어머니(유모)차"라 말하는지 말입니다.

   짐을 싣고 다니는 수레는 "짐수레"입니다. 짐을 싣고 다니는 차는 "짐차"입니다. 우리가 아기나 젖먹이를 태우며 끌고 다니는 물건이라 한다면, "차"라기보다는 "수레"라 해야 알맞을 테지요. 큰 할인매장에서 쓰는 물건도 "쇼핑수레"라 하듯이. 이 말도 조금 더 마음을 기울였으면 "쇼핑수레"가 아닌 "장보기수레"로 적었을 텐데 말입니다.

   아무튼 아기를 태우고 다니는 수레라면 "아기수레"입니다.

젖먹이를 태우고 다니면 "젖먹이수레"입니다. 있는 그대로입니다. 말 그대로입니다. 아기한테는 어머니 젖을 먹이니 "어머니젖"이나 "엄마젖"이고요.

유모차 → 아기수레, 젖먹이수레

모유 → 어머니젖, 엄마젖

팔순에는, 건강하게 그림 그리며 살아온 인생이 너무 감사해서,
자식들의 도움으로 그림 잔치를 열고…

「나의 수채화 인생」, 박정희, 미다스북스 2005, 19쪽

여든에도 몸 튼튼히 그림 그리며 살아온 발자취가 참으로 고
마운데, 딸아들이 도와주면서 그림 잔치까지 열 수 있으면 더
없이 기쁘리라 봅니다.

그림으로 여는 잔치이니 "그림잔치"입니다. 떡을 내어놓고
나누는 잔치라면 "떡잔치", 마음껏 술을 마시는 잔치라면 "술
잔치", 시를 함께 읊으면서 즐기는 자리라면 "시잔치", 사진을
죽 걸어 놓고 함께 구경하고 돌아보면 "사진잔치"입니다.

그렇지만 우리 나라에서 문화와 예술을 펼친다고 하는 분들
은 너나없이 "전시회"를 엽니다. "전람회"라는 말도 쓰입니다.
그림을 모아 놓고 나누는 자리는 "미술 전람회"를 줄여 "미전"
이라는 말을 따로 쓰기도 합니다. 요사이는 어느 결엔가 "비엔
날레biennale"가 부쩍 잦아졌습니다. 한 해 걸러 열리는 잔치
이니 "해거리잔치"라고 하면 좋을 텐데 말이지요.

전시회展示會 → 사진잔치, 그림잔치

열이 난다고 <u>해열제</u>를 쓰고 설사를 한다고 <u>지설제</u>를 쓰는 것을
대증요법이라 합니다만…

「다시, 선생님께」, 성내운, 배영사 1977, 161쪽

"지설제"라는 말은 낱말책에 없습니다. 물똥을 가리키는 한
자말 "설사泄瀉"를 멎게 하는 약이라면, "지사제止瀉劑"입니다.
그런데, 약을 가리키는 이러한 말을 꼭 알아듣기 쉽지 않은 한
자말로 지어야 할까 싶습니다. 물똥을 멎게 하고 싶으면 "물똥
멎이약"이라 하고, 된똥을 멎게 하고 싶으면 "된똥멎이약"이라
하면 되는데 말입니다.

해열제(解熱劑): 체온 중추에 작용해 병적으로 높아진 체온을 정상으로 내리게 하는 약

소열제(消熱劑): = 해열제

지열제(止熱劑): = 해열제

열을 내리는 약이니 "열내림약"입니다. 열을 멎게 해 준다면
"열멎이약"이라 할 수 있습니다. 열을 그치게 해 준다고 보면
"열그침약"이라 할 수 있습니다. 열을 떨어뜨리면 "열떨이약"
입니다. "열떨굼약"이라 해도 괜찮습니다.

그러나 우리 나라 낱말책에는 이와 같은 낱말은 하나도 실려 있지 않습니다. 오로지 "해열제"와 "소열제"와 "지열제"만 실려 있습니다.

해열제 → 열내림약, 열멎음약, 열그침약, 열떨이약

지사제 → 물똥멎이약

고운말 운동   027

뿐만 아니라 대부분의 雅語운동들이 그렇듯이, 고운말 운동은
사회 속에 성장해 가는 기묘한 安逸主義에도 통하는 것으로 생
각된다.

「궁핍한 시대의 詩人」, 김우창, 민음사 1977, 385쪽

"뿐만 아니라"는 "그뿐만 아니라"나 "이뿐만 아니라"로 다듬
습니다. "대부분大部分의"는 "거의 모든"이나 "웬만한"으로 손
보고, "사회 속에 성장成長해"는 "사회에서 자라"로 손봅니다.
"기묘奇妙한 安逸主義에도 통通하는 것으로"는 "얄궂은 제자리
걸음과 이어진다고"쯤으로 손질해 봅니다.

글쓴이는 앞에서 "雅語운동"이라 적고, 뒤에서 "고운말 운
동"이라 적습니다. 두 운동은 한 가지를 가리킬 테지요. 그런데
글쓴이가 말하는 운동을 펼치는 사람들은 당신들이 하는 운동
을 무엇이라고 이름을 붙이고 있을까요. "雅語운동"이라고 할
까요? 아니면 "아어운동"이라 할까요?

이 운동을 하는 사람들은 틀림없이 "雅語"도 "아어"도 아닌
"고운말"이라고 이름을 붙이리라 생각합니다. 그런데 글쓴이
는 왜 "아어"도 아닌 "雅語"로 적을까요. 다른 이가 하는 운동

을 비판하든 칭찬하든, 그 운동 이름을 있는 그대로 가리킨 다음 비판을 하거나 칭찬을 하거나 해야 하지 않으랴 싶습니다.

또한, 어떤 말 운동을 하더라도 "雅語"와 같은 이름을 붙인다면 사람들한테 아무런 눈길이나 사랑을 받지 못하리라 생각합니다. 한글로 "아어"라 적어도 그렇습니다. "아어雅語"가 "바르고 우아한 말"을 뜻하지만, 어느 누가 "아어 운동"이 무엇인지를 알아들을 수 있을까요.

아어雅語 운동 → 고운말 운동

없이 있을 때는 없군요

내가 <u>당신 없이 있을 때는 없군요</u>. 다른 모든 것이 희미하고 유
령 같을 때조차 이것만큼은 또렷이 느끼게 됩니다. 우리는 우리
가 아는 것보다 더욱 함께 있습니다.

『그대 타오르는 불꽃이여』, 칼릴 지브란(김한 옮김), 고려원 1987, 166쪽

　　흔히 하듯 "당신 존재 없이 있을 때는 존재하지 않군요"라고
적지 않고, "당신 없이 있을 때는 없군요"라고 적으니 반갑습
니다.

　　"존재"가 "있"어야 깊은생각을 나눌 수 있지는 않습니다. 흔
히 "철학哲學"이라고 쓰고 말합니다만, 이 "철학"이란 "깊이 생
각하는 일", 한마디로 "깊은생각"을 하는 일이 아니냐 싶습니
다. 생각하기에 따라서, 우리는 우리 말과 글로 새로운 학문이
름을 붙일 수 있습니다. 이 학문이름을 "철학"<u>으로</u>만이 아닌
"깊은생각"으로 지을 수 있습니다. 일본 지식 사회에서 받아들
이는 "학문명學文名"이라고 적을 수 있습니다만, 우리 나름대
로 "학문이름"이라는 말을 지어 볼 수 있습니다. 우리가 생각
하기 나름입니다.

　　그러면, 우리가 흔히 말하는 "개똥철학"이란 "얕은생각"인
셈입니다. 철학이 없다는 사람이라면 "얕은생각"을 하거나

없이 있을 때는 없군요　85

"바보생각"을 하거나 "못난생각"을 하거나 "철부지생각"을 한다고 이야기할 수 있습니다. 세상을 읽어 내지 못하거나, 세상을 거스르고자 하는 사람이라면 "틀린생각"이나 "그릇된생각"을 한다고 이야기할 수 있습니다.

오롯이 자리잡고 서 있지는 못합니다만, 우리 한겨레한테는 오래도록 가꾸고 보듬어 온 말이 있습니다. 이 말을 담는 그릇인 글도 있습니다.

우리한테 말은 있되 글이 없었다면 그나마 이어오던 말도 어느 결에 봄눈처럼 녹아 사라졌을지 모릅니다. 비록, 우리 글은 "중국 한자를 소리값 그대로 적고자 하는 애씀"에다가 "글(한문)을 모르는 어리석은 사람들한테 나라님 규칙과 법과 명령을 쉽게 알아듣게끔 하려는 생각"으로 지었다고 하지만, 이런 뒷이야기에는 아랑곳하지 않고 우리 나름대로 우리 글도 요모조모 살리면서 살고 있습니다. 안타깝게도 일제강점기를 거치며, 글도 말도 많이 무너지고 다치고 꺾이고 말았지만 말입니다.

옛 어른들이 말씀하듯이 "업은 아기 찾느라 동서남북 뒤져" 보았자 아기는 나오지 않습니다. 아기는 바로 등에 업혀 있습니다.

우리 삶을 밝히거나 생각을 깊이할 말을 우리 안에서 찾지 않고 우리 밖에서 찾는들, "슬기로운 말"이나 "알맞은 말"이나 "아름다운 말"이나 "좋은 말"을 얻을 수 없습니다. 가장 슬기롭고 알맞고 아름답고 좋은 말은, 다름아닌 바로 우리 몸에 배어 있으니까요. 우리 스스로 느끼지 않고 있습니다만, 우리 스스로 느낄 수 있다면, 우리 생각은 얼마든지 밝힐 수 있습니다. 우리 얼을 얼마든지 키울 수 있습니다. 우리 넋을 얼마든지 북돋울 수 있습니다. 우리 마음을 얼마든지 가꿀 수 있습니다.

　있는 말을 씁니다. 없는 말이니 안 씁니다. 있는 대로 말을 합니다. 없는 말이니 안 합니다. 있는 테두리에서 새로 빚어냅니다. 없다고 사들이거나 얻으려 하지 않고, 손수 땀 흘리고 일해서 스스로 일굽니다.

　말이란, 말하는 사람 스스로 가꿔야 합니다. 글이란, 글 쓰는 사람 스스로 가꿔야 합니다. 얼도 넋도 마찬가지이며, 생각과 슬기도 매한가지입니다. 우리 스스로 가꿀 때 비로소 싱그러운 새싹을 돋우어 내고 줄기를 올립니다. 우리 말을 가꾸고자 우리 머리를 쓸 때 바야흐로 튼튼한 가지가 뻗어나고, 가지마다 꽃이 피고 열매를 맺습니다. 다만, 우리 스스로 하지 않는다면, 자꾸 바깥에 눈을 돌리며 바깥에서 거저 얻으려 한다면, 꿍꿍이속을 키우는 바깥에 있는 빚쟁이들이 어느 한때 갑자기 들이닥치며 우리 말살림을 죄 거덜나게 하리라 봅니다.

존재해요 → 있어요

존재하지 않아요 → 없어요

젊은 사람이 늦어지면 웃고 넘길 일인데, 흰바구니인 나는 일행
에게 '설마' 낙상이라도?

「지는 꽃도 아름답다」, 문영이, 달팽이 2007, 82쪽

　이제 열대여섯 조금 넘긴 나이에도 새치가 많아, 멀리서 보
면 머리 한쪽이 허옇게 느껴지는 동무가 있었습니다. 그 동무
는 "흰머리" 이야기가 나오면 귀를 쫑긋 세웠고, 조금이라도
놀리는 듯한 느낌이면 버럭 성을 내었습니다.

　스물도 채 되지 않았는데 머리카락이 많이 하얗게 되었다면,
이제 서른을 조금 넘었는데 머리카락이 온통 흰머리카락이 되
었다면, 나이 마흔에도 하이얀 머리카락 때문에 할아버지 소리
를 듣는다면……, 혼인을 아직 하지 않은 사람이라면 더 골이
날 수 있습니다.

　그렇지만 나이 쉰이 넘어가고, 예순이나 일흔에 다다르면,
또는 여든을 오락가락한다면 흰머리는 자연스러운 머리카락으
로 느껴지겠지요.

　백발白髮 → 흰머리, 하얀머리, 흰바구니

서울을 강남과 강북으로 나누어 부를 견주고, 서울 바깥에 사는
이들이 중심에서 밀려났다는 생각을 갖는 것도…

「옛길」, 안치운, 학고재 1999, 189쪽

　서울을 가로지르는 한강이 있습니다. 한강은 넓기에, 한강을
사이에 놓고 강웃마을, 강아랫마을, 강옆마을로 나누는 일은
자연스럽습니다. 그렇지만 돈이나 이름값이나 힘에 따라서 마
을을 나눈다면 자연스럽지 못합니다.

　그러나 우리 계급나눔, 사람나눔은 서울 쪽에서 돈과 이름과
힘에 따라 강위와 강아래로 나누기에 그치지 않고 서울 바깥까
지 퍼집니다. 그래서 "서울 안"과 "서울 밖"도 나눕니다.

　"외곽外郭"이니 "시외市外"니 쓰기도 합니다. "시외"를 낱말
책에서 찾아보다가 다음 두 가지 보기글을 봅니다.

　주말에 시외로 나가 기분 전환을 했다

　서울의 시외 지역은 시내보다 공기가 맑은 편이다

　딱히 어떤 문제를 느끼지 않으며 쓴 글이구나 싶습니다. 또
한, 서울이나 큰도시에 사는 사람들 여느 삶이기 때문에 자연

스럽게 붙이는 보기글이구나 싶고요.

서울(또는 도시)사람들은 "서울 바깥"으로 주말에 나들이를 떠납니다. 자기들 스스로도 서울에서 지내는 일이 갑갑하고 힘드니까요. "시외 지역은 시내보다 공기가 맑은 편"이라는 낱말책 보기글이 아니더라도, 서울이나 도시 공기는 참 나쁩니다. 더러운 물과 쓰레기를 내뿜는 공장은 죄다 도시 바깥, 서울 바깥으로 내몰았지만, 서울에 들어찬 자동차가 얼마나 많은가요. 한때 서울에서 살며 늘 느꼈는데, 그다지 멀지 않은 거리조차도 자동차를 끌고 다니는 사람이 대단히 많았습니다. 이러니 서울은 이른 새벽이나 깊은 밤이 아니고서는 자동차로 오가면 자전거로 오갈 때보다 시간이 더 많이 걸립니다.

말이 말다움을 잃는 까닭은, 우리가 꾸려 가는 삶이 삶답지 못한 탓이려니 싶습니다. 말이 말다움을 찾으려면 우리가 꾸려가는 삶이 먼저 삶다움을 찾아야 합니다. 같은 서울에서도 서로를 돈과 힘과 이름으로 나누는 짓을 그만두지 않고서야, 한국이라는 나라에서 서울 안과 서울 밖을 나누는 못남을 떨쳐내지 않고서야, 사람과 뭇목숨 모두 아름다움을 느끼지 않고서야, 입으로만이 아닌 몸으로 콩 한 알도 나누는 매무새로 살아가지 않고서야, 옹글게 쓰는 우리 말이란 뿌리를 내릴 수 없다고 봅니다.

서울 외곽 → 서울 바깥, 서울 변두리

그렇다면 만델라의 남아프리카공화국은 어떨까요? 작은 기적으로 알려진, 신의 축복이 함께하는 무지개 국가일까요?

「보통 사람들을 위한 제국 가이드」, 아룬다티 로이, 시울 2005, 76쪽

"신자유주의"라는 이름을 어떻게 누가 지었는지 모르겠습니다. "자유"는 누구한테나 소중하며, "새로운(新)" 것 또한 누구한테나 좋은 일이 될 수 있습니다. 그런데 "-주의"가 붙어 "자유주의"가 되면, 게다가 이 자유주의가 새로워졌다는 뜻에서 "신新-"까지 앞에 붙으면 대단히 몹쓸 정신머리라고 여깁니다.

제 생각입니다만, "신자유주의" 같은 말은 무엇이 참인지를 숨기고 있습니다. 이런 말이 쓰이면 쓰일수록 "자유를 말한다는데 좋은 일이 아니냐?" 하고 잘못 생각하기 쉽다고 느낍니다. 겉으로 내세우기로는 "자유"이지만, 정작 속내를 캐 보면 "돈과 힘과 이름이 있는 이들이 제 뱃속을 채우며 남을 짓밟고 올라서는 몹쓸 짓"이라고 하잖습니까. 그렇다면 "눈속임"이라든지 "거짓(말)"이라든지 "사탕발림" 같은 꾸밈말을 앞에 달 때가 알맞다고 느낍니다. 아예 "권력자 자유주의"나 "재벌 자유주의"처럼 쓰든지요.

"장밋빛"이나 "분홍빛" 꿈이라는 소리도, 기적과 환상이 깃들어 있다는 소리도, 젖과 꿀이 흐른다는 소리도, 우리 눈과 귀와 머리를 속이는 말은 아닐까 모르겠습니다. "천국"이나 "유토피아"는 또 어떨까요.

　어쩌면 이 모든 나쁜 것과 쓰레기를 걷어치우자는 꿈과 같은 나라, "꿈나라"가 어디엔가 있을지 모릅니다. 어쩌면, 우리 작은 힘을 모아 아름답고 깨끗하고 살가운 사랑과 믿음을 나누는 "무지개 나라"를 이루어 낼 수 있을지 모릅니다. 어쩌면. 우리 말과 글이 껍데기에 매달리거나 치우쳐 우리 마음을 흐리게 하지 않을 때가 다가오면. 우리 스스로 우리 삶을 알뜰히 가꾸거나 추스르며 우리 말과 글에 꾸밈이나 겉발림을 집어넣지 않는 때를 맞이할 수 있으면.

이상향/천국/유토피아 → 무지개 나라, 꿈나라

신자유주의

　→ 눈속임 자유주의

　→ 사탕발림 자유주의

　→ 거짓 자유주의

　→ 권력자 자유주의

　→ …

고마운 마음 가득하다

또한 책 출판을 흔쾌히 맡아 준 삼인출판사의 홍승권 부사장님
에게 <u>고마운 마음 가득하다</u>.

『여군은 초콜릿을 좋아하지 않는다』, 피우진, 삼인 2006, 10쪽

　"흔쾌欣快히"보다 "기꺼이"를 쓰면 더 낫습니다. 그렇지만
글끝에 "고마운 마음 가득하다"로 적으니 반갑습니다. 제가 덩
달아 고맙습니다. 글쓴이가 책을 내놓으며 으레 하는 말은 "감
사의 마음을 전한다"나 "감사를 표한다"거든요.

　고마우니까 "고맙습니다" 하고 인사를 합니다. 고마운 마음
이 가득하니 "고마운 마음 가득하다"고 인사치레를 합니다. 우
리 마음이나 뜻을 꾸밈없이 나타낼 때 우리 말은 한결 깨끗하
고 알찰 수 있습니다.

　　감사를 표하고 싶다

　　→ 고마운 마음 가득하다

　　→ 고맙다고 말씀드리고 싶다

　　→ 고맙습니다

　　→ …

이장길은 원통한과 <u>리틀야구</u> 시절부터 같이 호흡을 맞춰 온 투
포수 사이야…

「4번 타자 왕종훈(12)」 산바치 카와, 서울문화사 1994, 85쪽

　"리틀야구"는 "어린이야구"로 고쳐 씁니다. 마찬가지로 "리
틀사커"는 "어린이축구"로 말해도 넉넉합니다.

　요즈음은 아이들이 어릴 적부터 무엇이든 가르치는 일이 무
슨 바람처럼 불고 있습니다. 아니 꼭 요즘 일만은 아닙니다. 우
리 사회가 어느 만큼 먹고살 만하다고 느끼던 때부터, 중산층
이라고 하는 분들이 제법 늘었다고 하던 때부터 그래 왔습니
다. 생각해 보면, 우리 사회가 먹고살기 팍팍하다고 하던 때에
도, 살림이 어렵지 않은 집에서는 아이들한테 일찍부터 여러
가지를 가르쳤습니다.

　피아노도 가르치고 태권도도 가르치고 영어도 가르치고 한
문도 가르치며 컴퓨터에다가 바이올린에다가 수학에다가 독서
지도까지. 골프왕으로 키운다고, 테니스여왕으로 키운다고, 수
영쟁이로 키운다고, 농구쟁이나 축구쟁이로 키운다고 아버지
와 어머니 들이 법석입니다.

아이들이 어느 한 가지 일을 아주 잘하는 재주꾼이 되어야 할까요. 아이들이 어른이 되고 나서 죽는 날까지 살림돈 걱정 없을 만큼 돈 잘 버는 재주꾼이 되어야 할까요.

아이들이 이것저것 배워야 하는 까닭이 있다면 무엇인가요. 아이들이 어릴 적부터 여러 가지를 배워서 좋다면 무엇이 좋은 가요. 아이들이 어릴 적부터 겪고 듣고 보고 익히고 느끼고 마주하면 좋은 일이나 놀이란 무엇이지요? 아이들은 어떤 사람이지요?

우리 아이들이 어릴 적부터 산을 느끼고 바다를 느끼고 들을 느끼며 살 수 있다면, 날마다 먹는 밥과 반찬이 어디에서 어떻게 나오는지를 곁에서 지켜보고 자란다면, 늘 입는 옷은 누가 지었고 자기가 사는 집은 어떻게 이루어졌는지 가까이에서 바라볼 수 있다면, 생태자연도감이라든지 그림책이라든지 이야기책이라든지 다큐멘타리 방송이라든지 하나도 안 보아도 넉넉하지 않을까 모르겠습니다. 아이들 사는 도시에 나비가 살 수 없어 아이들이 나비 볼 일이 없는데, 나비 그림책과 나비 사진 실린 도감만 들여다본들 나비를 제 살가운 이웃이라고, 소중한 자연 삶터 목숨붙이라고 속깊이 받아들일 수 있을는지.

리틀잉글리쉬 → 어린이영어

리틀클럽 → 어린이모임/어린이동아리

바퀴걸상 034

야누스는 요즘 집 안이나 정원에서 <u>바퀴의자</u>에 앉아 있습니다.

「황새와 여섯 아이」, 마인다트 디영(김수연 옮김), 동서문화사 1990, 69쪽

    두 다리를 모두 쓰지 못하는 사람도 걷기 힘들지만, 한 다리를 쓰지 못하는 사람도 걷기 버겁습니다. 이들은 나무로 깎은 발을 어깨에 끼고 걸어야 하는데, 돌돌돌 굴러가는 걸상에 앉아서 다닐 수 있기도 합니다. 돌돌돌 구르는 걸상이기 때문에, 이들이 타고 다니는 녀석을 가리켜 "구르는걸상"이나 "굴렁걸상"이라고 이름 붙일 수 있습니다. 보이는 모습 그대로.

    돌돌돌 구르는 걸상이 되자면, 걸상에 바퀴가 붙어 있어야 합니다. 그렇다면, 바퀴가 걸상에 붙은 모습을 가리켜서 "바퀴걸상"이라고 이름 붙일 수 있습니다.

    "구르는걸상"과 "바퀴걸상" 가운데 어느 쪽이 더 알맞다고 볼 수 있을까요. 어느 낱말이 우리가 쓰기에 한결 어울리거나 나을는지요. 어느 한쪽이 모자라다는 생각이 들지 않는다면, 둘 모두 살려서 쓰면 어떠한가요.

    1800년대 끝머리에서 1900년대 첫머리로 넘어가던 네덜란드를 무대 삼은 동화책 하나를 읽으면서 본 "바퀴의자"라는 낱

말입니다. "걸상"이 아닌 "의자椅子"를 쓰기는 했습니다만, 아무튼, "바퀴가 달린 걸상"이니, 말 그대로 "바퀴걸상"이라고 적습니다. 이 낱말을 쓴 동화책을 읽는 아이들은, 동화책에 적힌 낱말 그대로 받아들이고 책에 실린 사잇그림을 보면서, "으흠, 다리를 쓰지 못해서 이렇게 굴러다니는 걸상을 만들어서 앉아서 다니는 사람들은 바퀴걸상을 타는구나" 하고 생각할 테지요.

그렇지만 이 동화책을 읽지 않은 아이들이라면, 또한 둘레 어른이나 방송이나 신문이나 책에서 으레 말하는 "휠체어"라는 낱말만 들은 아이들이라면, "바퀴걸상"이라는 낱말이 참 어색하거나 낯설다고 느끼리라 봅니다.

서양사람들은 말뜻 그대로, 보이는 그대로, 느끼는 그대로 "휠wheel(바퀴)＋체어chair(의자)"라고 해서 "휠체어"라는 새 낱말을 빚습니다. 우리는 우리 말뜻 그대로, 보이는 그대로, 느끼는 그대로, 우리 나름대로 우리 삶과 문화를 담아서 우리 낱말을 지을 수 있습니다. "바퀴＋걸상"이든 "구르는＋걸상"이든 마찬가지입니다. 그러나 우리 나름대로 우리 눈길과 삶을 담아서 새 낱말을 짓는 분들보다는, 나라밖에서 쓰는 말을 조금도 안 다듬고 안 추스르고 안 걸러 내어 받아들이는 분이 훨씬 많다고 느낍니다. 이리하여 "휠체어"라는 낱말이 쓰이겠지요. 책뿐 아니라 방송뿐 아니라 신문과 책뿐 아니라, 학교에서도 공공기관에서도 "휠체어"라는 낱말만 쓰겠지요. 장애인 권리를 말하는 분들도, 사회복지단체에서 일하는 분들도 "휠체어"를 낯설게 받아들이거나 고쳐야 할 낱말로 생각하지 않겠지요.

생각해 보니, "나무발"이라 하면 될 낱말도, "목木+발"이라고 하는 우리입니다. "나무발"이나 "나무다리"라고 하면 훨씬 나을 텐데 말입니다.

어찌하여 앞뒤가 어설피 이어지는 낱말을 지어내서 쓰고 있을까요. 어이하여 앞뒤 어설픔을 느끼지 못하는 채 이렇게 말이고 글이고 시들시들 축 처지게 하며 살고 있을까요.

휠체어 → 바퀴걸상, 구르는걸상

목발 → 나무발, 나무다리

새아빠는/나를 싫어한다/한 번도 귀여워해 주지 않았다/형만 닭
튀김집에 데려가/닭튀김을 사 줬다/나는 데려가지 않았다.

「내가 만난 아이들」, 하이타니 겐지로(햇살과나무꾼 옮김), 양철북 2004, 86쪽

　맥주를 마시는 곳은 "맥주집"이지만, "호프집"이라고 말하는
사람들 수효가 적지 않습니다. 튀긴 닭을 파는 곳은 "닭튀김
집"이지만, "프라이드집"이나 "치킨집"이라 말하는 사람들 수
효가 제법 됩니다.

　"캔터키 프라이드 치킨"을 줄여서 "KFC"라는 이름으로 장
사하는 곳이 있습니다. "둘둘치킨"이라든지 "BBQ"라든지 "페
리카나 치킨"이라든지 "멕시칸 치킨"처럼 서양말 쓰기를 좋아
하는 곳이 많은 가운데, "이서방 양념통닭"처럼 토박이말을 쓰
는 곳이 드물게 있습니다. 아무래도, 닭을 밀가루 반죽을 한 다
음 튀겨서 먹는 먹을거리는 우리 밥 문화가 아니기에, 토박이
말로 이름을 붙이기보다는 서양말 이름을 붙여야 잘 어울린다
고 생각해서 그럴까요?

　인천 신포시장 안쪽에 "야채치킨" 집이 둘 있습니다. 맛깔스

럽게 닭을 튀겨 주는 곳이기는 한데, 이름을 "야채+치킨"으로
쓴 대목이 늘 마음에 걸립니다.

어쩌면, 닭을 튀긴 먹을거리는 이런 이름으로만 나오는지도
모르겠어요. 그래도 살며시 다듬고 손질해서 한결 살갑고 알맞
는 이름을 지어 볼 수 없을까요. 튀김닭을 즐겨먹는 사람들 살
림살이와 말씀씀이로 보아서는 "채소튀김닭"이라고만 해도 제
대로 알아듣지 못하기 때문에, 일본말 "야채"를 써야 하고, 또
"치킨"이라는 말을 떨구어 낼 수도 없을까요.

프라이드 치킨 → 닭튀김, 튀김닭

야채 → 채소, 남새, 푸성귀, 나물

마음씨 솜씨 맵시

<u>마음씨, 솜씨, 맵시</u>가 빼어났던 어머니는 모두에게서 인기가 좋았다.

「섬에 홀로 필름에 미쳐」, 김영갑, 하날오름 1996, 132쪽

　언론사나 지역자치단체에서 "어여쁜 아가씨"를 뽑으면서 "진, 선, 미" 세 가지 점수를 줍니다. "진"은 "참됨"을, "선"은 "착함"을, "미"는 "아름다움"을 뜻합니다.

　참되다고 한다면 몸가짐이 반듯하고 생각이 바르다는 이야기일는지요. 착하다고 하면 하는 일마다 이웃을 사랑하고 콩한 알도 나누어 먹을 줄 안다는 말일는지요. 아름다움이라 한다면 얼굴 예쁨만이 아니라 내 매무새를 살뜰하게 가꿀 줄 알고 고이 다스릴 줄 안다는 소리일는지요.

　"진, 선, 미" 세 가지를 이야기한다고 딱히 말썽거리가 있다고는 느끼지 않습니다. 다만, 우리는 우리 나름대로 토박이말을 살려서 "참됨, 착함, 고움"을 말할 수 있다는 말입니다. "어여쁜 아가씨" 뽑는 자리에서는 "마음씨, 솜씨, 맵시"를 살필 수 있겠지요. 또한, 꼭 어여쁜 아가씨 뽑는 자리가 아니더라도 "마음씨, 솜씨, 맵시"가 어떠한지를 헤아리면서 됨됨이를 돌아볼 수 있고요.

마음을 써 주셔요

일상적인 교류를 통해서 아이들과 함께 살고, 그들의 일상적인
욕구에 대하여 <u>사려 깊은 주의를 기울이는</u> 것을 말한다.

「홀로 하나님과 함께」, 야누스 코르착, 내일을여는책 2001, 24쪽

"사려 깊은 주의를 기울이는 것"은 "깊이 마음을 기울이는
것"이나 "찬찬히 마음을 기울이는 것", "하나하나 마음을 기울
이는 것", "두루 마음을 기울이는 것"으로 손질합니다.

낱말책을 찾아보면 "사려思慮"는 "여러 가지 일에 대하여 깊
이 생각"함이요, "주의注意"는 "마음에 새겨 두고 조심함"이라
고 합니다. 그러니까, "사려 깊은 주의"는 곧 "마음을 쓰는" 일
이니 이를 "마음쓰기"처럼 한 낱말로 묶어 써도 괜찮겠다 싶습
니다.

마음을 써 주셔요. 싫어하는 사람한테까지 마음쓰라고는 안
할 테니, 좋아하는 사람한테는 마음을 써 주셔요. 좋아하지는
않아도 착하게 살아가는 사람한테 마음을 써 주신다면 더 고맙
습니다. 내키지 않아도 꿋꿋하고 다부지게 살아가는 사람한테
도 마음을 써 준다면 더 고맙겠습니다. 낯도 이름도 모르는 사
람이지만, 우리가 날마다 비우는 밥그릇을 꼬박꼬박 채워 주느

라 땀 흘리는 사람들한테도, 우리가 겨울날 따뜻하게 살 수 있도록 옷을 지어 주는 사람들한테도, 방에 불을 피울 수 있도록 해 주는 사람들한테도 마음을 써 주시면 반갑겠습니다.

좋은 사람들한테 마음을 쓰듯, 우리가 날마다 쓰는 우리 말에도 마음 한 번 써 보면 어떨까 싶습니다. 좀더 살가운 마음을 담을 수 있도록, 좀더 쉽고 깨끗하게 쓸 수 있도록, 좀더 알맞고 넉넉하게 쓸 수 있도록, 좀더 우리 삶터를 있는 그대로 담아내고 우리 생각도 알뜰히 담아낼 수 있도록 마음을 쓰면 좋겠습니다.

마음써서 안 되는 일이 있을까요. 마음을 쓰면 한결 일이 잘 풀리고, 마음을 써도 안 되는 일이라 해도 아쉽지 않을 텐데. 마음을 쓰기 때문에 더 빈틈없이, 꼼꼼히, 알뜰히, 매끄럽게, 훌륭히 할 수 있지 싶은데. 뜻대로 되지 않는다고 하더라도 마음을 활짝 열고 받아들일 수 있다면, 마음 가득 온힘을 펼칠 수 있다면, 어떤 어려움에 부딪쳐도 싱긋 웃으며 부대낄 수 있지 싶습니다. 그렇지만 마음을 닫거나 마음을 안 쓴다면, 마음을 안 두거나 마음을 안 기울인다면, 제아무리 손쉬운 일이라 하더라도 제대로 안 풀리기 일쑤이고, 잘 풀리더라도 즐거움이나 기쁨이 없기 마련입니다.

마음을 기울이니 책이 잘 읽힙니다. 마음을 쓰니 일손이 잘 잡힙니다. 마음을 듬뿍 담으니 반찬이 따로 없는 밥을 맛있게 먹을 수 있습니다. 마음을 활짝 여니 누구하고라도 스스럼없이 어깨동무할 수 있습니다.

　마음을 알뜰히 쓴다면, 우리가 하는 말도 언제나 알뜰할 수 있습니다. 마음을 찬찬히 쓸 수 있으면 우리가 하는 말도 좀더 깊이 있을 수 있습니다. 마음을 듬뿍 쏟을 수 있으면 우리가 하는 말도 즐거움이 듬뿍 담길 수 있어요.

마음쓰기/마음쓰다

마음쏟기/마음쏟다

마음바치기/마음바치다

마음열기/마음열다

…

전차표 파는곳.

「내 친구들 이야기」, 신지식, 성바오로출판사 1987, 40쪽

　서울에서 전차가 사라진 때가 1960년대이던가요. 그때 이야
기를 담은 동화책 하나가 1987년에 나왔는데, 이 동화에 곁들
인 사잇그림을 보니 "전차표 파는곳"이란 글을 적어 놓았습니
다. 그때는 "전차표 파는곳"이라고 이름을 붙였는가 봅니다.

　전차가 사라진 지금은 버스와 지하철만 다닙니다. 한때는 버
스를 탈 때 "버스표"나 "토큰"이라는 차표를 냈지만, 이제는
"교통카드"를 대면 되고, 교통카드에 돈을 채우는 곳을 "충전
소"라 합니다. 다만, 지하철을 탈 때에는 아직도 표를 끊기도
하는데, 이렇게 끊는 표를 파는 곳을 한글로 "표파는곳"이나
"표사는곳"으로 적고 옆에 한자로 "賣票所"를 적습니다. 그 옆
에는 "ticket"이라는 영어 글자를 적습니다. 그러니까 우리 말
은 "표파는곳(표사는곳)"이고, "賣票所-ticket"은 나라밖 말이
라는 소리입니다.

　낱말책을 뒤적여 봅니다. "파는곳"도 "표파는곳"도 "표사는
곳"도 찾아볼 수 없습니다. 그러나, 우리 말이 아닌 "매표소"는
덩그러니 올라 있습니다.

표를 파는 곳이라면 "표파는곳"이라 해야 알맞을 텐데, "표파는곳"은 어쩌다가 한두 번 버스역이나 기차역에서만 이름을 붙이고, 이렇게 낱말책에는 "매표소"만 싣는가 봅니다. 글쎄, 우리 말로만 하면 알아듣지 못하기 때문일까요. 우리 말 "표파는곳"은 낱말책에 실을 만하지 않은 못난 말이라고 느끼기 때문일까요.

하긴, "예술의전당"이라고 하는 으리으리한 건물에 있는 공동식당에는 "빈그릇 놓는(주는) 곳"이라는 말을 안 쓰고 "퇴식구退食口"라는 알아듣기 어려운 말을 적어 놓고 있으니까요.

매표소賣票所 → 표파는곳

퇴식구退食口 → 빈그릇 놓는 곳

드림말

나는 처음에는 이 시 앞에 "억울하게 죽은 이들을 위하여"라는
드림말을 붙였었다.

「삶의 진실과 시적 진실」, 신경림, 전예원 1983, 319쪽

　"붙였었다"는 "붙였다"로 고쳐씁니다. "붙였다"는 "붙이었
다"를 줄인 말이니, "붙였었다"는 "붙이었었다"라고 쓴 셈이거
든요.

　출판사에서 누군가한테 책을 선사할 때 흔히 "드림"이라는
도장을 찍습니다. 한자말로는 "증정贈呈"을 쓰기도 합니다. 예
전에는 "증정"이나 "贈呈"이나 "贈"을 많이 썼고, 1980년대를
넘어서고 1990년대를 넘어서면서부터 "贈呈"이나 "贈" 같은
한자는 거의 모습을 감추었습니다. 한자말로 "증정"을 쓰는 곳
이 아직 있으나, 이제는 거의 모두 "드림"이라는 말을 씁니다.
　그렇지만 책을 내면서 그 책을 누군가에게 바치는 말, 또는
누군가를 기리는 말을 적을 때에는 "헌사獻詞"를 쓰고 있어요.
"드림"이라는 말을 살며시 쓴다면, 이 말에 맞추어 "드림말"이
나 "드리는 말"로 새로워질 수 있을 터이나, 우리는 우리 스스
로 새로워지지 못합니다. 우리 스스로 아름다워질 길이 있으나

우리 손으로 아름다움을 가꾸지 못합니다. 한결 싱그럽고 한껏 북돋울 수 있어도, 한결 싱그러운 길로 접어들지 못하며, 한껏 북돋우는 자리에 서지 못합니다.

드림/드림말

바침/바침말

헌사獻詞 → 드림말, 바침말

「강의」를 제작할 때는 책의 이미지를 최대한 살리기 위해 저자인 신영복 교수(성공회대)를 찾아가 자필 서명을 받아왔다. 요즘 유행하고 있는 캘리그래피(손글씨)를 이미 2년 전에 도입한 것. 사무실 한 켠에 위치한 책상에서도 수 십장의 화선지와 서예 용품이 눈에 들어왔다. 본인은 악필인 관계로 다른 직원이 쓴 붓글씨를 스캔 받아 작업한단다.

인터넷신문 〈북데일리〉, 2007. 2. 9

보기글에서 "요즘 유행하고 있는" 손글씨라고 썼습니다만, 꽤 예전부터 손글씨는 널리 썼습니다. 예전에도 손글씨로 엮은 책은 꾸준히 나왔습니다. 요즘에만 나오는 일이 아닙니다. 다만, 무언가 이야깃거리를 만들고 싶어하는 사람들이 어느 날 불현듯 손글씨가 튀어나오기라도 한듯, 하늘에서 뚝 떨어지기라도 한듯, 새삼스레 이야기할 뿐입니다.

"손글"이나 "손글씨"라는 말을 처음 쓴 때는 1994년 무렵이 아닌가 생각합니다. 셈틀이 널리 자리잡기 앞서는 타자기를 그럭저럭 썼지만, 그때는 타자기가 요사이 셈틀처럼 두루 퍼진 "글 치는 기계"가 아니었어요. 그래서 "타자 글꼴"은 말하면서 "손 글꼴"까지 말하지는 않았습니다. 그때는 누구나 "손글"을 썼으니까요. 그러다가 셈틀이 286에서 386으로 뛰어넘고, 다시 486으로 바뀌면서 대학교에서 보고서를 낼 때 셈틀로 뽑아서 내는 사람이 하나둘 늘었습니다. 출판사로 글을 보낼 때에도 종이에 뽑아서 보내는 사람이 차츰 늘었습니다. 이러는 가운데 대학교에서는 "한 사람이 쓴 것을 글꼴만 달리해서 내는 보고서 아니냐?"면서 "손글씨"로 써서 내라고 한 적도 있습니다. 그렇지만 요새는 세상이 바뀌어 "손글씨"로 써낸 보고서는 거들떠보지 않고 "셈틀 글씨"로 만든 보고서를 높이 삽니다.

우리 세상은 너무 유행 따라 휩쓸리고 흔들흔들합니다. 제 줏대를 다부지게 지키면서 당차게 살아가는 모습을 찾기 힘듭니다. 그래서 유행에 따라 새로 떠오르는 말이 참 많고(거의 다 미국말로 되어 있습니다), 이렇게 떠오르다가 이내 가라앉는 말 또한 참 많습니다. "캘리그래피"라는 말은 얼마나 오래 목숨을 이어갈까요. 얼마나 오래 목숨줄을 붙잡을 수 있을까요.

"캘리그래피calligraphy"는 옛날 유럽에서 인쇄술이 생기기에 앞서 책을 만들 때 글자를 모두 손으로 쓰던 데에서 비롯한 말로, "서예"라고 할 수 있습니다. 그러니까 "손글" 또는 "손글씨"입니다. 신문이든 방송이든 인터넷이든, 이 "캘리그래피"를 말하는 이들은 거의 모두 묶음표를 치고 "손글씨"라는 낱말을 덧붙입니다. 생각해 봐요. 그냥 "캘리그래피"라 하면 몇 사람이나 알아듣겠어요. 웬만해서는, 아니 거의 모두 못 알아듣겠지요. 그런데 이처럼 못 알아들을 말을 써도 "야 이놈아, 그게 뭔 소리여? 알아들을 수 있게 좀 쉽게 말해 봐!" 하고 나무라는 사람이 보이지 않습니다. 알량한 서 푼짜리 서양말 지식을 내세우는 말씀씀이를 외려 대단한듯 떠받들고, "캘리그래피"가 아닌 "손글씨"라는 말을 퍽 오래 전부터 써 온 사람은 하찮게 보거나 아예 쳐다보지도 않아요.

그래요. "캘리그래피"라는 글씨가 있기 앞서 진작에 "손글"을 쓰고 "손글씨"로 책을 꾸미거나 엮으면서 일해 온 사람이 많이 있습니다. 이분들은 요즈음도 조용히 제 손으로 일을 합니다. 누가 알아주든 알아주지 않든 말없이 제자리를 제 두 손으로 지키며 꼿꼿하게 한길을 걷습니다. 사회 흐름을 일부러 좇지 않으며, 이랬다저랬다 휩쓸리는 물결을 구태여 타지 않습니다. 하루 이틀이 아닌 오랜 세월에 걸쳐 갈고닦은 제 깜냥이 있고 눈길이 있기 때문에 곧게 한길을 갈 뿐입니다.

가만히 보면, 요사이 "캘리그래피"라는 말을 앞세워 이런저런 강연도 하고 책도 내는 이들은 유행 따라 우리 눈을 홀리는 사람이 아닐까 싶습니다. 마치 당신들이 새로운 갈래를 처음으로 파헤치기라고 한듯, 꼭 당신들이 팍팍하고 힘겨운 책마을에 한 떨기 아름다운 꽃처럼 피어나 새숨을 불어넣기라도 한듯, 어깨를 으스대고 거들먹거린다고 할까요.

내 자리를 지킬 줄 아는 말을 듣고 싶습니다. 다소곳하게 내

자리를 지킬 줄 아는 마음을 만나고 싶습니다. 얌전하고, 내 자리를 가다듬는 사람을 보고 싶습니다. 남을 밟고 올라서지 않으며, 작은 잇속에 들뜨지 않으며, 한결같이 내 길을 올곧게 지키면서 일과 놀이를 즐겁게 어우르는 삶을 찾고 싶습니다.

캘리그래피calligraphy —→ 손글, 손글씨

먹거리

미국에서 가장 큰 비공개 기업이 자신들의 비즈니스 이익과 우리의 먹거리에 대한 지배권을 확대한다는 변하지 않는 목표를 성취하기 위해⋯

「누가 우리의 밥상을 지배하는가」, 브루스터 닌, 시대의창 2004. 32쪽

보기글을 보면 "비즈니스", "-에 대한 지배권", "확대", "변하지", "성취하기 위해" 같은 글이 보입니다. 이런 글은 하나하나 다듬어서 쓰면 훨씬 좋습니다. 그런데 이런 글은 다듬어 주지 못하면서 "먹거리"라는 낱말 하나는 알뜰히 씁니다. 다른 글도 이처럼 알뜰하게 살려 쓰면 좋았을 텐데요.

퍽 예전부터 "먹거리 운동"이 있어 왔습니다. 우리가 "식량"이라는 말을 써야 할 까닭이 없다면서, 우리 나름대로 새말을 빚어 "먹거리"로 쓰면 좋다는 움직임이었습니다. 이 움직임은 처음 일어나고 스무 해 가까이 빛을 보지 못했지만, 세상이 조금씩 바뀌고(독재가 걷히고) 신문과 방송에서 무언가 새로워 보이는 말을 찾다가 이 낱말을 한두 번 쓰고 나서부터 널리 퍼져서 오늘에 이르고 있습니다. 한때 "식食문화"로 쓰던 말이 "먹거리문화"로 바뀌었고, 우리가 먹는 여러 가지를 다루는 글

이나 강의나 여러 곳에서 "먹거리"라는 말이 쓰입니다.

　이 말, "먹거리"를 쓰는 일은 나쁘지 않다고 생각합니다. 한편, 우리가 굳이 이런 말을 써야 할까 싶은 생각도 있습니다. 왜냐하면 이 말 "먹거리"가 없을 때에도 우리는 "먹을거리"라고 말해 왔기 때문입니다. "뭐 좀 먹을거리 없나", "먹을거리가 다 떨어졌어", "먹을거리라도 도와주십시오"와 같은 말을 써 왔습니다.

　다른 낱말도 형편이 비슷한데, 우리 나라 말 문화와 역사를 살피면, 토박이말로 지어서 쓰는 말은 낱말책에 거의 오르지 못합니다. 올라도 가까스로 오르고, 낱말풀이마저 제대로 되어 있지 않습니다. 새로운 삶터에 걸맞게 새로 쓰는 토박이 낱말은 좀처럼 낱말책에 실리지 못 합니다. 이와 달리, 쓰이는 일이 한 번도 없는 조선 시대 한문이라든지 중국 옛책에 나오는 한자말들, 여기에 일본강점기 때부터 이 나라에 스며든 일본 물건 이름, 미국말 들은 아무 어려움 없이 낱말책에 버젓이 실립니다.

　한자로 된 앞가지와 뒷가지는 빠짐없이 낱말책에 실리고, 한자 앞가지와 뒷가지로 엮인 말도 웬만하면 낱말책에 싣습니다. 그러나 토박이말로 된 앞가지와 뒷가지는 거의 낱말책에 실리지 않고, 토박이 앞가지와 뒷가지를 붙인 낱말은 거의 낱말책에 실리지 못합니다.

이를테면, "한국인-일본인-미국인"은 버젓이 낱말책 올림말이 되지만 "한국사람-일본사람-미국사람"은 올림말이 되지 못합니다. 더구나 "-사람"은 뒷가지 대접조차 못 받기 때문에 "한국 사람-일본 사람-미국 사람"처럼 띄어서 써야 오늘날 맞춤법에 들어맞습니다.

한편, "신나다"나 "쓸모있다"는 낱말책에 오르지 못합니다. 지금 맞춤법은 "신 나다"로 띄어서 쓰도록 되어 있기 때문에 "신나다"라는 보기글을 모을 수 없습니다. 그렇다면 "신 나다"로 쓰이는 보기글이라도 찾아야 할 텐데, 이런 보기글은 찾지 않고 검색기로도 찾을 수 없는 터라, 국어학자들 말을 빌면 "'신나다'라는 말은 용례가 없거나 너무 적기 때문에 올림말이 될 수 없다"는 판정을 받습니다. 그렇지만 "재미나다"는 낱말책에 실려 있으니 앞뒤가 맞지 않습니다. "쓸모없다"라는 말이 쓰인다면 "쓸모있다"도 쓰이기 마련이지만, "쓸모없다"만 낱말책에 실리고 "쓸모있다"는 낱말책에 실리지 못합니다. 그러면서 "쓸모있다"를 한자말로 고친 "유용有用하다"는 낱말책에 싣습니다.

자, 그렇다면 "먹을거리"는 낱말책에 실릴까요? 요사이는 실립니다. "먹거리"라는 말이 제법 널리 쓰인 뒤로 국어학자들 사이에 말다툼이 꽤 있었는데, "먹거리"는 잘못이고 "먹을거리"로 써야 맞다고 학자들끼리 마무리를 지었습니다. 그러면서 "먹을거리가 맞는 말이고 먹거리는 잘못이다" 하고 알리려는

뜻에서 낱말책에 실어 줍니다. 몇 해 앞서까지는 "먹을거리"는
낱말책에 실리지 못했고, 아직도 몇 군데 낱말책에는 "먹을거
리"를 싣지 않고 있습니다.

먹을거리, 먹거리

쓸모없다/쓸모있다

이 집에서는 된장 맛이 우선이기 때문에 25일쯤 지나면 메주를 건진다. 장 가르기를 하는 것인데, 간장을 맛있게 하려면 40일 정도를 두는 게 좋다.

「농부의 밥상」, 안혜령, 소나무 2007, 170쪽

"25일쯤"을 "스무닷새쯤"으로 손보고, "40일 정도를 두는 게"를 "마흔 날쯤 두면"으로 다듬습니다.

초등학교 다니던 어릴 적을 가만히 떠올리면, 날짜세기를 배울 때 "하루 이틀 사흘 나흘 닷새 엿새 ……"와 함께 "일일 이일 삼일 사일 오일 육일 ……"을 배웠습니다. 한자로 된 숫자말 "일 이 삼" 들은 그냥 써도 되었으니 어렵잖이 익혔지만, "하나 둘 셋"과는 다른 "하루 이틀 사흘"은 외우기 쉽지 않았고 쓰기에도 힘들었습니다. 그래서인지 저나 동무들(어린아이)은 이런 토박이 날짜세기 낱말을 제대로 못 쓰며 컸습니다.

그 뒤 중학교와 고등학교를 다니는 동안에는 "○○ 일" 하는 말만 쓸 뿐, ○○ 날" 하는 말을 쓸 일이 없었습니다. 대학교 입학시험을 앞두고 "D-○○ 일" 하고 적기는 했어도 "앞으로 ○○ 날" 하고 적지는 않았어요.

"20일쯤 유럽 여행을 했어요" 하는 말은 듣지만, "스무 날쯤 유럽을 돌았어요" 하는 말은 듣지 못합니다. "사흘 만에 끝냈어" 하는 말을 듣기 어렵지만, "삼일 만에 끝냈어" 하는 말은 언제나 듣습니다.

생각해 보면, 한자로 된 숫자말이 쓰기에 더 나으니까 널리 쓴다고 할 수 있습니다. 쓸 만하지 않으니 토박이 숫자말이 덜 쓰이거나 차츰 자취를 감춘다고 할 수 있습니다. 한편으로는, 우리 스스로 고유한 문화나 삶을 잊거나 잃는다고 할 수 있고, 토박이 숫자말을 자꾸 안 써 버릇하니까 더더욱 낯설거나 쓰기 어려워지는 셈입니다. 서양에서 들어온 미국말도 처음부터 낯익은 말은 아니었거든요. 자꾸자꾸 쓰면서 익숙해집니다. 한자로 된 숫자말도 부지런히 쓰는 가운데 차츰차츰 손과 입에 익은 말입니다.

어쩌면, 우리는 처음부터 토박이 숫자말로 우리 삶을 꾸릴 생각이 없었는지 모릅니다. 그래서 "하루 이틀 사흘 나흘" 따위는 낱말책에 실리는 낱말로만 접어 두는지 모릅니다. "한 해 두 해 세 해"라고 할 말도 "일 년 이 년 삼 년"이라고만 하고, "한 달 두 달 석 달"이라 할 말도 "일 개월 이 개월 삼 개월"이라고만 하는지 모릅니다.

꽃나이 043

20세도 못 되는 꽃나이에 일본 침략의 피해로 70여 세 되는 늙은 로파로 되여 고향을 못 가고 죽자니 어쩐지 시름이 놓이지 않습니다.

「가고 싶은 고향을 내 발로 걸어 못 가고」, 안이정선, 아름다운사람들 2006, 11쪽

꽃 같은 나이에 꽃다움을 마음껏 누리지 못하면서 지내는 사람은 예나 이제나 많이 있습니다. 우리 스스로 이렇게 꽃다움을 누리지 못할 수 있고, 우리 둘레 사람들이 꽃다움을 누리지 못할 수도 있습니다. 우리 스스로 꽃다움을 누리지 못하게 가로막는 사람들을 떨쳐내지 못하는 수 있으며, 우리 둘레 사람들한테 꽃다움을 누리지 못하게 가로막는 사람을 못 본 척 지나칠 수 있습니다.

꽃나이

열매나이

가랑잎나이

…

씨앗은 씨앗대로 반갑습니다. 새싹은 새싹대로 싱그럽습니

다. 어린나무는 어린나무대로 좋습니다. 키큰나무는 키큰나무대로 아름답습니다. 열매나무는 열매나무대로 고맙고, 한 잎 두 잎 가랑잎을 떨구는 나무는 겨울나무대로 애틋합니다.

우리 사람이 살아가는 모습을 나무와 빗대어 본다면, 그래서 나무에 트고 피고 지고 맺는 꽃이나 열매나 잎을 떠올려 본다면, 퍽 살가운 낱말 하나 얻을 수 있구나 싶습니다.

꽃처럼 해맑고 곱게 피어나는 나이니까 "꽃나이"가 되겠네요. 사람들 앞에서 아름다이 보이는 모습이 아니라, 속깊이 넉넉함과 즐거움을 선사하는 열매처럼 고마움을 베풀 줄 아는 나이니까 "열매나이"도 되겠지요. 겉모습이 아름다움이 스러지고 둘레에 있는 사람들한테 고마움을 베풀거나 나누기보다는 고마움을 얻거나 받으면서 새로운 목숨붙이인 어린이한테 우리 삶터를 내어주고 떠나는 때가 되는 가랑잎과 같은 나이라면 "가랑잎나이"도 되고요. 이제 가랑잎나이가 되면, 가랑잎이 제 몸을 썩혀서 땅으로 돌아가듯, 우리도 그동안 일구거나 해 온 모든 것을 우리 삶터에 차곡차곡 남겨 놓고 마음 홀가분하게 하늘나라로 갈 테지요.

아들 하나 딸 셋

당신이 <u>일남 삼녀</u>의 집을 번갈아 가며 들르실 때는 그날이 바로 집안의 온갖 물건들이 제자리를 찾는 날이고, 미뤄두었던 집안 손질을 하는 날인 것이다.

「샘이 깊은 물」 153호(1997. 7), 175쪽

 "날인 것이다"를 그대로 두어도 나쁘지 않으나 "날이다"라고 만 적어도 됩니다. 보기글에서 더 앞쪽을 보면 "물건들이 제자리를 찾는 날이고"가 보이는데, 이 대목을 "찾는 날인 것이고" 라 하지 않거든요. 보기글 뒤쪽도 이에 맞추어 "것이다"를 덜어 주면 한결 낫습니다.

 그리고 "일남 삼녀의 집을……들르실 때"는 "아들 하나 딸 셋의 집을……들르실 때"나 "아들 하나 딸 셋을……찾아가실 때"로 다듬어 봅니다.

 일남 삼녀의 집을 들르실 때
 → 아들 하나 딸 셋의 집을 들르실 때
 → 아들 하나 딸 셋을 찾아가실 때
 → …

어버이로서는 당신이 낳아서 기르는 아이들이 몇인지를 말할 때, 아이들로서는 형제 자매가 몇인지를 말할 때 "몇 남 몇 녀"라고 곧잘 말합니다. 이와 함께 "아들 몇 딸 몇"이라고도 말하지만, "몇남 몇녀"만큼 두루 쓰지는 않습니다.

워낙 오래 굳은 말이요, 이런 말투까지 고쳐야 한다고는 생각하지 않습니다. 다만, 좀더 살갑게 쓸 수 있다면, 가만히 살펴서 다듬어 보아도 좋다고 느낍니다.

출생신고서라든지 여러 가지 공문서를 보면 "자 : 몇", "녀 : 몇" 이렇게 적도록 되어 있습니다. 예전에는 한자로 "子-女"를 썼고 이제는 한글로 고쳐서 쓰는 셈이니, 반갑게 여길 수도 있습니다. 그렇지만 조금 더 마음을 기울여서 "자-녀"보다는 "아들-딸"로 적으면 한결 나으리라 생각합니다. 껍데기만 한글인 공문서가 아니라, 속살까지도 알뜰한 말로 담아내는 공문서로 꾸릴 수 있다면 더 좋지 싶습니다.

형제 사이에서는 "오빠 하나 동생 둘", "누나 하나 동생 하나"처럼 말할 수 있습니다. 또, 이렇게 쓰는 말을 글로도 적고, 공문서나 서류에서도 이렇게 적을 수 있다고 생각합니다. 있는 그대로 살려 쓰는 우리 말이며, 자연스럽게 주고받는 우리 말입니다.

어릴 적에는 밥을 밖에서 사 먹는 일이란 아주 드물었습니다. 그래도 더러 사 먹을 때가 있었는데, 아마 부모님 따라 어디 놀러 간다든지, 서울에 있는 친척집을 찾아가는 길에서였지 싶습니다. 이렇게 밖에 나가서 밥을 먹을 때에는 으레 값싼 밥집을 찾곤 했는데, 밥집마다 유리문에 "백반"이라고 써 붙여 놓아서, "뱀 잡을 때 쓰는 백반을 사람이 먹는단 말인가?" 생각하면서 고개를 갸우뚱갸우뚱했습니다. "백반"이 "흰밥"을 한자로 적은 "白飯"을 가리키는 말인 줄은, 2001년이었나, 나이 서른 줄에 거의 가까워서야 처음 알았습니다. 그때까지는 이 "백반"이라는 말에 소름이 돋아서 왜 저런 말을 써 붙였는지 물어보지도 않았습니다.

백미白米

현미玄米

요새는 쌀밥을 먹어도 누리끼리한 쌀밥을 먹습니다. 예전에는 아무 생각 없이 흰 쌀밥만 먹었습니다. 또한, 밥을 먹어도 밥맛을 따로 느끼지 않고 배 채우려는 생각으로만 먹었습니다. 그런데 요새는 밥 한 숟가락을 퍼먹어도, 밥을 한 사람 마음을 느낍니다. 이 밥이 쌀이 되기까지 땀 흘려 논에서 일한 농사꾼 손길을 느낍니다. 우물우물 씹는 동안 밥에서 퍼져나오는 밥물이 그냥 밥물이 아니라 눈물이거나 피눈물이거나 땀방울이라고도 느껴, 잘 지은 밥을 먹으면 기운이 곱으로 솟습니다. 대충지은 밥을 먹으면 속이 메스껍고, 밥을 이렇게 푸대접하는 사람 머릿속에 무엇이 들었나 궁금하기도 합니다. 밥을 푸대접하는 사람이 이웃을, 남을, 다른 목숨붙이를 고이 돌보거나 대접할 턱이 있겠습니까.

흰쌀/흰 쌀밥-흰밥
누런쌀/누런 쌀밥-누런밥

낱말책을 살펴봅니다. "흰쌀"은 올라 있습니다. "누런쌀"은 올라 있지 않습니다. "흰밥"이란 낱말도 보이는군요. 그렇지만 "누런밥"은 없습니다. 그러고 보면, 농사꾼도 "백미-현미"라고 말할 뿐, "흰쌀-누런쌀"이라 말하는 분을 찾아보기는 힘듭니다. 농사짓는 분들부터 "희다-누렇다"라는 말을 쌀에 붙이는 이름으로 잘 안 쓰니, 돈만 내고 쌀을 사 먹는 도시사람들 가운데 어느 누가 "희다-누렇다"라는 말을 즐겨쓸까 싶기도 합니다. 한편, 돈으로 쌀을 사 먹는 도시사람들이라 해도 "흰쌀-누런쌀"이라고 쓰면 훨씬 나을 텐데 하는 생각이 듭니다.
생각해 보면 그렇습니다. 꼭 낱말책에 나온 말만 써야 하나

요. 낱말책에 안 실렸다고 우리 말이 아니겠습니까. 우리는 책
상머리에 앉아서 살아가는 사람이 아닙니다. 그렇다고 모두 논
밭에 엎드려 일하는 사람도 아니지만, 서로 부대끼며 우리 삶
을 가꾸는 사람들임을 떠올린다면, 우리가 쓰는 말 또한 우리
삶에서 비롯하는 말, 우리 삶에서 자연스레 샘솟는 말을 찾아
서 쓸 때가 더 알뜰하고 아름다우리라 느껴요.

그래, 저는 앞으로 "현미"가 아닌 "누런쌀"을 먹으려 합니다.
조금 앞서도 느지막이 저녁밥을 지어서 고구마 숭숭 썰어 넣은
누런 쌀밥을 맛나게 한 그릇 비웠습니다.

백미白米 → 흰쌀/흰 쌀밥, 흰밥

현미玄米 → 누런쌀/누런 쌀밥, 누런밥

본인은 "모태 신앙의 소유자가 신앙 생활을 덤덤하게 하는 것과
같은 여성주의자"라고 <u>스스로를 낮춰 말하고</u>…

「너, 행복하니?」, 김종휘, 산티 2004, 37쪽

"나는"이나 "저는"처럼 쓰면 좋을 텐데. 꼭 "본인本人"이라
는 말을 앞세우는 분들이 있습니다. 보기글에서는 "본인"이라
는 말로 가리키는 이가 "효인이"라는 아이입니다. 이 아이이름
을 그대로 밝혀서 "효인이는"이라고 써도 잘 어울립니다.

보기글에서 "스스로를 낮춰 말하고"라는 글이 눈에 쏙 들어
옵니다. 스스로를 내세우지 않는 몸가짐을 가리켜 "겸손謙遜"
이라 합니다. 우리 말에는 "높임말"이 있는데, 이 높임말은 맞
은편을 높이면서 나를 자연스럽게 낮추는 말입니다. 높임말이
란 계급에 따라서 쓰는 말이라고도 하지만, 서로가 서로를 더
높이는 일, 곧 아름답게 어우러지는 일입니다. 서로가 서로를
높이면 싸울 일이 없어요. 다투거나 미워할 일도 없습니다. 자
연스러운 평화예요. 그렇지만 맞은편을 깎아내리는 낮춤말을
쓰거나, 나를 추켜세우는 높임말을 쓴다면, 평화가 깨지고 싸
움이 일어납니다. 어우름을 깨뜨리는 짓이 되니까요.

이리하여, 우리 사회에서는 높임말이 말썽거리가 되기도 하고, 서로를 아름답게 가꾸는 도움이 노릇을 하기도 합니다. 다른 어느 나라 말도 마찬가지이지만, 말이란 우리가 어떻게 쓰느냐에 따라 달라져요. 우리 스스로 좀더 알맞고 즐겁고 바르고 깨끗하게 쓰려 애쓴다면, 우리 말은 더할 나위 없이 살갑고 사랑스러운 말로 거듭납니다. 이와 달리 우리 스스로 우리 말을 깔보거나 하찮게 여기며 마구잡이로 아무렇게나 쓴다면, 우리 말은 밑도 끝도 없이 벼랑으로 굴러떨어집니다.

저는 어린아이들 앞에서도 높임말을 씁니다. 손윗사람한테도 높임말을 씁니다. 또래인 사람을 만나도 높임말을 씁니다. 요새는 고향동무한테도 더러 높임말을 섞습니다. 나나 당신이나 똑같이 아름다운 사람이며, 같은 자리에 선 사람이니까요. 어린아이뿐 아니라 아기한테 말을 걸 때도 높임말이 저절로 나옵니다. 아기는 어른들처럼 입이 아닌 몸짓으로 말을 하잖아요.

높임말을 쓰노라면 나를 낮추게 됩니다. 나를 낮추는 일은 고개숙임입니다. 고개를 숙이면 땅아래를 굽어보는 듯하지만, 싸우기를 바라지 않는다는 뜻입니다. 좋은 생각과 마음으로 슬기롭게 모든 일을 맺고 풀자는 마음건넴입니다. 세상 모든 일은 말로 맺고 풀 수 있는데, 주먹다짐이니 돈이니 이름값으로 밀어붙이기니 하는 게 끼어들 쓸모나 까닭이 없어요.

맞은편한테 스스럼없이 높임말을 쓸 수 있는 사람은, 길에서 자동차를 몰든 자전거를 몰든 "저희보다 힘없는 쪽(자전거나 걷는이)"한테 좀더 마음을 쓸 수 있는 사람이고, 자연스럽게 맞은편한테 길을 내주기도 하고, 신호도 알맞게 잘 지키는 사람으로 달라진다고 느낍니다. 신호를 손쉽게 어기며 차를 모는 사람들이, 걷는이가 깜짝 놀라도록 빵빵거리는 사람들이 다른 이들한테 높임말을 쓰는 일이란 참 드물어요. (아니, 글쎄, 본 일이 없지 싶은데.) 그래서 더더욱 저 스스로를 다스리고 싶어서, 제가 나쁜 사람보다는 좋은 사람이 되도록 일구고 싶어서 높임말을 씁니다. 자전거를 한결 부드럽고 사랑스럽게 몰고 싶어서 높임말을 씁니다. 책 하나를 반갑게 껴안아 읽고 싶어 높임말을 쓰고, 제가 얻은 얕은 깜냥이라 하여도 널리 나누고 싶으니 높임말을 씁니다.

때에 따라서는 낮춰 말합니다. 곳에 따라서는 얌전하게 말합니다. 자리에 따라서는 착하게 말하며, 사람에 따라서 다소곳하게 말합니다. 우리는 말을 부드럽게도 할 수 있고, 살갑게 할 수도 있습니다. 그때그때, 자리에 따라 참 다르게 말이 오갑니다. 이런 여러 말씀씀이를 "겸손"하다고 해도 나쁘지 않습니다. 다만, "겸손"이란 말에서 조금 더 나아가면 "낮춰 말하기-얌전하게 말하기-착하게 말하기-다소곳하게 말하기-부드럽게 말하기-살갑게 말하기"들로 차츰차츰 말씀씀이를 넓힐 수 있습니다.

서력 기원후 4세기경부터 562년까지를 <u>사국시대(四國時代)</u>로
설정하여 한국 고대사를 재구성할 것을 제안한다.

「미완의 문명 7백 년 가야사(1)」, 김태식, 푸른역사 2002, 23쪽

　"설정設定하여"는 "잡아"나 "세워"로 다듬고, "재구성再構成
할"은 "다시 짤"로 다듬으며, "제안提案한다"는 "밝힌다"로 다
듬습니다. 앞말과 묶어, "재구성할 것을 제안한다"는 "다시 짜
기를 바란다"로 풀어내어도 괜찮습니다.

　보기글을 보면 "사국시대"라 적고는 굳이 묶음표를 치고 "四
國時代"라고 다시 적어 놓았는데, 이렇게 적는다고 한결 잘 알
아들을 수 있을는지는 모를 노릇입니다. 이런 글씀씀이라면
"삼국시대" 뒤에도 꼭 "三國時代"처럼 적어야 하는 셈입니다.
　그러고 보면, 수많은 소설쟁이가 새로 옮겨서 내는 작품으로
"삼국지三國志"가 있는데요, 이 "삼국지"란 다름아닌 "세 나라
이야기"가 아닌가 싶습니다. 겐지가 살아온 이야기는 "겐지 이
야기"이고, 옛날부터 이어온 이야기는 "옛날이야기"이듯, 세
나라가 치고 받고 복닥거리던 이야기라면 "세 나라 이야기"라
할 때가 가장 알맞을 텐데, 하는 생각이 듭니다.

우리 말로 옮겨야 하니까요. 미국사람은 미국말로 옮기고 프랑스사람은 프랑스말로 옮겨서 쓰듯, 우리는 우리 말로 "삼국지"를 옮기고 "사국"을 옮겨야 한다고 느낍니다.

사국시대四國時代 → 네나라시대

삼국지三國志 → 세 나라 이야기

"야와라! 왠지 입술에 혈색이 돈다 싶더니, 이건 입술연지 아니
냐!" "나도 고등학생인걸, 립스틱 정도는 다 발라요!"

「야와라(1)」, 나오키 우라사와(서현아 옮김), 학산문화사 1999, 47쪽

  "혈색血色"은 "핏기"로 손보면 되는데, 이 자리에서는 "입술
에 혈색이 돈다 싶더니"를 "입술이 붉다 싶더니"나 "입술이 새
빨갛다 싶더니"로 고쳐쓰면 어떨까 싶습니다.

  입술연지(-臙脂): 여자들이 화장할 때 입술에 바르는 붉은 빛깔의 염료

  립스틱(lipstick): 여자들이 화장할 때 입술에 바르는 연지

  루주(rouge): 립스틱

  만화책에 나온 보기글에서 할아버지는 "입술연지"라 말하
고, 고등학교에 다니는 딸내미는 "립스틱"이라 말합니다. 모르
긴 몰라도 만화책에만 나오는 이야기라기보다 우리 삶자락에
서도 마찬가지가 아니랴 싶습니다. 나이든 어르신은 "입술연
지"이고, 젊거나 어린 사람은 "립스틱" 또는 "루주"라 말합니
다. 그러나 요즈음은 나이든 어르신 가운데 "입술연지"라 말하
는 사람을 찾아보기 어렵습니다. 모두들 "립스틱" 아니면 "루

주"라고 말할 뿐입니다. 영어 "립스틱lipstick"만으로도 모자라다고 느껴 프랑스말 "루주rouge"까지 쓰는데, 우리 스스로 우리 말로 이 화장품 이름을 지을 생각은, 또는 예부터 있어 온 우리 말 이름을 밝혀 쓰려는 움직임은 좀처럼 찾아볼 수 없습니다.

어쩌면, 화장품이라는 물건이 죄다 서양사람 얼굴과 몸매로 가꾸려는 꿈을 보여 주고 있으니, 이런 화장품에 쓰는 말 또한 서양말이어야 한다고 생각하는지 모릅니다. 서양사람 얼굴이 되고 싶어서 하는 화장 아니겠습니까. 우리 얼굴이 되고자 하는 화장인 적이 있던가요? 우리 얼굴로 가꾸고 우리 모습을 빛내며 우리 모습을 사랑하는 화장인 적이 있던지요?

바라는 대로 살게 되고, 살아가는 대로 말이 됩니다. 꾸미는 대로 생각이 바뀌고, 생각이 바뀌는 대로 글이 바뀝니다. 우리가 옳게 살고자 애쓰면 옳은 말을 저절로 쓰게 되고, 우리가 그릇되게 사는 틀을 깨지 않으면 우리 글은 그릇된 틀에서 벗어나지 못합니다.

이 상황을 뭐라 해야 하나? 그림의 떡?

「달려라! 펑크난 청춘, 자전거 전국일주」 박세욱, 선미디어 2005. 73쪽

겉보기로는 힘이 셀 듯하지만, 알고 보면 힘이 하나도 없다고 하여 "종이호랑이"나 "종이범"이라 합니다. 종이로 접은 배라 "종이배"요 "종이비행기"요 "종이학"입니다. 껌을 싸니 "껌종이"이고, 빛깔을 넣어서 "빛종이"이며, 빛깔이 하얘 "흰종이"나 "하얀종이"입니다. 우리는 "종이＋호랑이"를 "종이의 호랑이"라 하지 않습니다. "껌＋종이"를 "껌의 종이"라 하지 않습니다. 그러나, 꼭 하나, "그림으로 그린 떡"을 가리킬 때에는 "그림떡"이 아닌 "그림의 떡"이라 합니다.

그리는 붓이면 "그림붓"이고, 그리는 물감이면 "그림물감"이며, 그림을 한자리에 모아 여러 사람과 나누는 잔치를 벌이니 "그림잔치"인데, 어이 된 일인지 "그림떡"만 쓰이지 못하고 "그림의 떡"이 되고 맙니다.

그나마 한때는 "화중지병畵中之餠"이라 했으니, 이렇게 네 글자 한자말을 안 쓰고, 우리 말로 풀어 "그림의 떡"처럼 쓰는 일로 고마워하거나 기뻐하거나 놀라워해야 할 노릇일까 싶기도 합니다. 그런데, "화중지병"이란 또 무엇일까요. 어떻게 짜

인 말일까요. 곧이곧대로 풀면 "그림+속+의+떡"이니 "그림 속에 있는 떡"이라는 뜻입니다.

곰곰이 생각해 보니, "그림 중의 떡"이나 "그림 속의 떡"처럼 쓰지 않고 "그림의 떡"처럼 쓰는 일로도 "참 잘했네(?)" 하고 손뼉 쳐 줄 일이겠구나 싶습니다. 그래도 이만큼이나마 손쉽게 풀어내려고 애를 썼잖아요. 비록 좀더 마음을 쏟아 한결 살갑고 구수하고 싱그럽게 엮어 내지는 못했다 할지라도.

그림떡/그림빵/그림돈/그림밥/그림집
그림꾼/그림잔치/그림사랑/그림놀이

아무리 마음에 들어도 쓸 수 없거나 가질 수 없거나 누릴 수 없어 "그림떡"입니다. 오늘날도 떡은 즐겨 먹지만, 요즈음 흐름과 우리 삶터를 죽 돌아보면서, 뜻은 같고 느낌을 살짝 달리한 "그림돈" 같은 낱말을 빚어내면 어떨까 생각합니다. 배고픈 이한테는 "그림밥" 같은 낱말이, 집 없는 사람한테는 "그림집" 같은 낱말이 어울릴 수 있어요. "그림빵"도 괜찮습니다.

그리고, "그림-"을 앞가지로 삼아서 "그림 그리는 일을 하는 사람(그림꾼/그림쟁이)"을 가리키는 낱말을 지어 봅니다. "그림을 아끼고 좋아하는 사람들 마음(그림사랑)"을 가리키는 낱말도 지어 볼 수 있고, "그림을 그리면서 즐겁게 삶을 꾸리는 모습(그림놀이)"을 가리키는 낱말도 살포시 지어 봅니다.

돈만 아는 이   050

그런 어머니가 의지할 것이라곤 돈밖에 없었습니다. 그러니 어머니가 <u>배금주의자(拜金主義者)</u>가 된 것도 무리는 아니라고 생각합니다.

「농부의 길」, 고다니 준이치(홍순명 옮김), 그물코 2006, 42쪽

　돈만 아는 사람은 무섭습니다. 불쌍할 때도 있고 딱하기도 합니다. 살아가는 참뜻과 참맛을 모르는구나 싶고, 어쩌다 저 꼴이 되었나 하고 혀를 끌끌 찰 수밖에 없습니다. 세상에는 사랑할 만한 값어치가 많고, 믿고 아끼고 돌볼 사람과 일과 놀이가 많은데 고작 돈푼에 매여서 그리 살아야 하나 싶어 안타깝습니다.

　"배금주의拜金主義"는 "돈을 가장 높은 가치로 여기고 숭배하여 돈 모으기를 사는 목표로 삼는 태도"이니, "배금주의자"는 곧 "돈만 아는 이"라서 "돈밝힘이"이며 "돈벌레"입니다.
　돈을 가장 크고 소담스럽다고 생각하는 "돈만 아는" 사람은 돈 아닌 우리 터전을 돌아보지 못합니다. 이웃도 못 보고 동무도 못 보지만, 겨레나 나라도 보지 못합니다. 오늘날 우리 겨레나 나라가 얄궂고 창피스러운 쪽으로 흐른다 하여도, 먼산바라

기나 팔짱끼기로 구경할 뿐, 또는 등 돌릴 뿐, 다 함께 즐겁거나 흐뭇한 길을 헤아리지 않습니다.

돈만 알기에 "돈만 밝힙"니다. 돈이 되어야 일을 하고, 돈이 안 될 듯하면 같이 어울리지 않습니다. 돈에 얽매인 탓에 시간을 돈으로 따집니다. 사람과 사람이 어울리는 아름다움과 기쁨은 느끼지 못하는 가운데, 죽어 흙으로 돌아가면 그 돈 한 푼도 가져갈 수 없음을 깨닫지 못하는 가운데, 돈 모으느라 바쁜 나머지 이 돈으로 무엇을 하거나 누리거나 나눌지조차 살피지 못합니다.

돈만 가진 "바보"가 된달까요. 돈은 많으나 생각주머니가 텅 빈 "멍청이"가 된달까요. 넘치는 돈을 주무르면서 세상을 다 가진 듯 잘못 알고 있는 "머저리"가 된달까요.

그러나 사람 사는 세상에서 어느 만큼은 돈이 있어야 한다면, 꼭 그만큼만 가질 노릇입니다. 좀 모자라면 이웃한테서 얻으면 됩니다. 나한테 조금 넘치면, 내 둘레에 조금 모자라게 살아가는 이웃한테 나누어 주면 됩니다.

우리는 우리가 한 번 태어나서 살아가는 이 땅에서 할 일이 아주 많고, 놀거리도 대단히 많습니다. 땀 흘리며 사랑을 바칠 일, 구슬땀 흘리며 신나게 놀 거리, 마음을 바쳐 할 만한 일, 온 마음 기울여 즐길 놀이가 끝도 없이 많습니다.

사람을 사랑하고 푸나무를 아끼며 뭇짐승을 껴안을 줄 아는 마음이 되면, 내 마음바탕뿐 아니라 내 둘레에 있는 사람들 마음바탕에도 착하고 너그러운 숨결이 고루 자리잡습니다. 따뜻하고 넉넉한 마음자리는 나뿐 아니라 내 이웃과 동무 모두를 따뜻하고 넉넉하게 휘감습니다. 이러는 동안 내 마음밭에서는 살가운 말이 솔솔 나오고, 내 마음녘에서는 구수한 글이 술술 쏟아집니다.

삶을 알뜰히 다스리는데 말이 알뜰하게 펼쳐지지 않을 리 없고, 삶이 알차게 엮이는데 글이 알차게 쓰이지 않을 까닭 없습니다. 삶이 얄궂으면 말이 얄궂고, 삶이 흔들리면 글이 흔들립니다. 삶을 아름답게 추스르면 말 또한 아름다이 추스르게 되고, 삶을 못난쟁이마냥 내팽개치면 글 또한 못난쟁이가 되어 뒤죽박죽되고 맙니다. 그러니, 돈만 아는 바보가 되는 우리라 한다면, 우리 말과 글 또한 돈흐름에 따라 휘둘리거나 돈때가 타거나 돈독에 오르게 됩니다.

배금주의자 → 돈만 아는 이/돈밝힘이, 돈벌레, 돈바보, 돈쓰레기, 돈쟁이

엊그제 장날에도 <u>볶은머리</u>를 노랑물까지 들이고 엉덩이를 흔들
며 조합 앞을 휘젓고 다니는 꼴새가 아무래도 심상치 않았는데…

「들(상)」, 윤정모, 창작과비평사 1992, 21쪽

아주머니나 할머니 들은 으레 "머리 볶았냐?" 하고 묻고,
"응, 머리 볶았지" 하고 받습니다. 여기에 "파마하러 간다"고
말씀하는 분과 함께 "머리 볶으러 간다"고 말씀하는 분이 있습
니다.

영어 "퍼머넌트permanent"를 줄였다고 하는 "파마"입니다.
요사이 젊은이들은 미국에서 쓰는 말을 따라 "펌perm"이라고
하더군요. 아무튼, 파마란 머리카락을 곱슬곱슬하게 "지지는"
일을 가리킵니다. 그러니까, 우리 말로 치면 "머리지짐"이나
"머리볶음"인 셈입니다. 파마한 머리는 다름아닌 "지진머리"나
"볶은머리"이고요.

파마/펌 → 머리볶기, 머리지짐

파마 머리 → 볶은머리, 지진머리

대부분 29인 이하의 <u>작은</u> 사업장에서 일을 하는 것으로 나타났다.

「국경 없는 마을」, 박채란, 서해문집 2004, 72쪽

"29인二十九人 이하以下의 작은 사업장"은 "스물아홉 사람이 안 되는 작은 사업장"으로 다듬으면 어떨까 싶습니다. 그리고, 한 번 더 마음을 기울여서 "스물아홉 사람이 안 되는 작은 일터"로 다듬어 봅니다. "사업을 하는 곳"이라고 하여 "사업장事業場"일 텐데, "사업"이란 다름아닌 "일"을 가리키는 한자말일 뿐입니다.

나라안에서 쓰는 말을 헤아려 보면, "소규모 사업장"과 "대규모 사업장"일 뿐, "작은 일터"와 "큰 일터" 같은 말은 쓰지 않습니다. 쓰려 하지 않습니다. 쓸 마음이 조금도 없어 보입니다. 집이 작으면 "작은 집"이고 집이 크면 "큰 집"입니다. "소규모 주택"도 아니요, "대규모 주택"도 아니며, "저택"이나 "대저택"도 아닙니다.

우리 말은 "크기"입니다. 중국말과 일본말은 "규모規模"입니다. 우리 말은 "작다"와 "크다"이고 중국말과 일본말은 "소규모小規模"와 "대규모大規模"입니다. 이를테면, "소규모로 돼지

등의 가축을 길러 왔다"는 글은 "돼지 같은 집짐승을 조금 길러 왔다"로 손보면 한결 낫습니다. "소규모 거래"는 "조금 사고 팖" 또는 "조금 주고받음"으로 다듬고요.

사람에 따라, 또 자리에 따라, 우리 말이 아닌 중국말이나 일본말을 쓰고플 수 있습니다. 요즈음 사람들은 미국말을 아무 자리에서나 아무렇지도 않게 쓰니, 중국말이건 일본말이건 어느 자리에서나 얼마든지 쓸 수도 있는 노릇입니다.

다만, 우리가 우리 말 아닌 말을 왜 써야 하는지 생각해 보면 좋겠습니다. 우리가 우리 말 아닌 말을 누구하고 주고받으려 하는지 헤아려 보면 좋겠습니다. 우리가 우리 말 아닌 말을 어느 자리에서 어떻게 쓰고 있는지 곱씹어 보면 좋겠습니다. 우리가 서로서로 좋자면서 우리 말을 안 쓰는지, 우리가 우리 삶터를 가꾸려는 마음으로 우리 말을 안 쓰는지, 차근차근 되짚어 보면 좋겠습니다.

"먹을거리"나 "밥"이라는 말은 알맞지 않다고 "飮食"이라는 한자말을 들여왔다가, 이제는 "푸드food"라는 미국말만을 쓰는 듯한 흐름입니다. "부엌"을 밀어내고 "주방廚房"에서 밥을 하고 설거지를 하다가 "키친kitchen"에서 "요리料理"도 아닌 "푸드 스타일foodstyle"을 뽐내고 있습니다. 푸드 스타일리스트가 생기고, 대학교에서는 푸드스타일학과를 열었으며, 푸드 스타일링으로 새로운 멋을 가꾸기까지 합니다.

숨이 꽉 막혀 말이 나오지 않습니다. 기가 차서 쓴웃음이 나옵니다. 그러나 오늘날 제 둘레 어느 누구도 숨이 막히다고 하지 않습니다. 제 둘레 동무나 선후배 가운데 쓴웃음을 짓는 이를 찾아보기 어렵습니다. 모두들 같은 배를 타고 흘러갑니다. 다 함께 어깨동무를 하고 있습니다.

작은 마음 고이 붙안는 이웃이나 동무가 보이지 않습니다. 작은 사랑 애틋이 나누는 이웃이나 동무를 찾기 어렵습니다. 작은 몸 소담스레 돌보며 작은 일 하나로 기뻐하며 작은 몸짓으로 작은 믿음 주고받는 벗님과 길동무를 만나기 어렵습니다.

소규모 사업장 → 작은 일터

소규모 건물/농장 → 작은 건물/농장

소규모 거래 → 조금 사고팖, 조금 주고받음

소규모의 자본 → 적은 돈

따라서 첫 번째 근거대로 아직 발견되지 않은 유전(油田)이 풍족
하다 하더라도…

「태양도시」, 정혜진, 그물코 2004, 31쪽

　한글로 "유전"이라고만 적으면 못 알아들으리라 생각했구나
싶습니다. 한글 뒤에 묶음표를 치고 한자로 "油田"을 적어 넣습
니다만, 이렇게 적어 넣든들 한자를 모르는 이한테는 적으나
마나가 아닐까요? 한자 모르는 사람은 아예 이 낱말을 읽어 내
지 말라는 일이 아닐까요?

　기름을 파는 가게를 두고 "기름집"이라고 해 왔습니다. 오늘
날에는 모든 곳이 "주유소注油所"라는 이름이 붙지만, 먹는기
름이건 기계를 돌리는 기름이건, "기름을 파는 집"이라 하여
"기름집"이었습니다.
　배추를 기르는 밭은 배추밭입니다. 고추를 기르니 고추밭입
니다. 마늘을 길러 마늘밭이며 뽕을 길러 뽕밭입니다.
　소금을 일구니 소금밭입니다. 우리가 쓰는 기름을 얻어낸다
고 하면 "기름밭"입니다. 집 앞에 "텃밭"을 일구고, 사람마다
"마음밭"을 가꿉니다. 저는 글쓰기를 하니 "글밭" 또한 일굽니

다. 게다가 사진도 찍으니 "사진밭"을 돌봅니다. 그림까지 그린다면 "그림밭"을 가꾸는 셈이 될 테고, 깊이깊이 생각을 톺으며 지낸다면 "생각밭" 가꾸기도 한다고 이야기할 수 있습니다.

　방송에 나와 이야기판을 벌이는 분이나 학교에서 아이들을 가르치는 분이라면 "말밭"이나 "이야기밭"을 일군다고 할 수 있습니다. 바다에서 고기를 낚는 분은 바다농사, 곧 "바다밭"을 돌보실 테지요. 그렇지만, 요즈음 우리 나라 사람들은 뭐니 뭐니해도 "돈밭" 하나만 바라보고 있지 않느냐 싶습니다.

유전油田 → 기름밭

주유소注田所 → 기름집

그것은 우리 인간을 구성하고 있는 <u>다섯 가지</u> 요소인 '몸, 감수
성, 상상, 행동, 의식' 등은 모두 고정된 실체가 없고 원인과 그
것에 따라 일어나는 인연에 의해 만들어지는 것이기 때문에 그
실체가 실은 없다는 것을 의미한다.

「여기에 사는 즐거움」, 야마오 산세이(이반 옮김), 도솔 2002, 231쪽

　"인간人間을 구성構成하고 있는"은 "사람을 이루고 있는"이
나 "사람을 이루는"으로 다듬고, "등等"은 "들"로 다듬으며,
"고정固定된 실체實體가 없고"는 "붙박힌 모습이 없고"로 다듬
습니다. "원인原因"은 "까닭"이나 "뿌리"나 "바탕"으로 손보고,
"인연因緣에 의依해"는 "인연에 따라"나 "만남으로"로 손봅니
다. "만들어지는 것이기 때문에"는 "만들어지기 때문에"로 손
질하고, "실實은"은 "알고 보면"이나 "가만히 보면"으로 다듬
으며, "없다는 것을 의미意味한다"는 "없음을 뜻한다"로 손질
해 봅니다.

　보기글을 통째로 고쳐써 봅니다. "이는 우리 사람을 이루는
다섯 가지인 '몸, 마음, 생각, 몸짓, 느낌' 들은 모두 어느 하나
로 못박히지 않고, 어떤 뿌리와 이에 따라 맺어지는 만남으로
이루어지기 때문에, 그 참모습은 알고 보면 없음을 뜻한다"쯤

으로 손질할 수 있습니다.

그러나 이렇게 고쳐쓰고 다시 읽어 보지만, 글쓴이가 처음 말하려고 했던 뜻을 고이 담아냈다고는 할 수 없습니다. 처음부터 일본말을 우리 말로 옮길 때에 좀더 우리 한국사람 넋과 얼을 우리 말과 글로 실어내려고 애써야 하였지 않느냐 싶습니다. 좀더 찬찬히 느끼고 샅샅이 살피어, 글 한 줄이라 하여도 오래도록 곱씹으면서 풀어내 주었다면 얼마나 반가웠으랴 싶습니다. 얄궂거나 아쉬워 보이는 낱말이 드러나는 일도 말썽이지만, 나라밖 글쓴이가 무엇을 나누고 싶어서 이러한 글을 썼는지 곰곰이 되돌아볼 수 있게끔, 옮긴이 스스로 몇 번씩 거듭거듭 마음을 쏟고 땀을 바치고 품을 들였어야지 싶습니다. 일본말 못지않게 한국말을 익히고, 일본 문화 못지않게 한국 문화를 꾸준히 새로 배워야지 싶습니다.

책을 읽다가 이 글월 하나에서 오래도록 눈이 머뭅니다. 옮김말이 영 아쉽기도 했지만, 얄궂은 낱말과 글월 사이에 낀 "다섯 가지 요소"라는 대목에서 생각을 가두어 봅니다. "다섯 가지 요소要素"에서 "요소"는 "가지"와 같은 뜻으로 쓰여 겹말이니, "다섯 요소"나 "다섯 가지"로 고쳐써야 합니다. 그러나 "다섯"이라 하고 "5대五大"라 안 한 대목은 반갑습니다.

다섯 가지 요소 → 다섯 가지 (큰 대목)

문득 궁금해서 낱말책을 뒤적여 "칠대七大"를 찾아봅니다. "우주에 존재하는 모든 것을 낳는 일곱 가지 요소"라고 풀이말이 달립니다. "오대五大"도 실렸나 궁금하여 다시 뒤적입니다. "모든 물질에 널리 존재하여 물질을 구성하고 생성하는 지地, 수水, 화火, 풍風, 공空의 다섯 가지 큰 요소"라고 풀이말이 달립니다. 두 풀이말 모두 "일곱 가지 요소"와 "다섯 가지 요소"라고 적힙니다. 낱말책 말풀이부터 겹말을 예사로 씁니다.

3대 영양소 → 세 가지 영양소

양대 리그 → 두 리그

7대 불가사의 → 일곱 가지 수수께끼

…

낱말책을 덮고 책을 덮습니다. 알 수 없는 무엇인가가 가슴에 북받치고 올라옵니다. 번역을 한다는 사람이나 국어학을 한다는 사람이나 매한가지로군요. 글을 쓴다는 사람이나 책으로 아이들을 가르친다는 사람이나 매한가지일까요. 글을 써서 신문을 내고 말을 하며 방송을 엮는 사람이나 매한가지일까요.

무엇이 옳은 줄 모르고, 무엇이 바른 줄 모르며, 무엇이 알맞은 줄 모르는 이 굴레는 이 모습 그대로 우리 말 문화요 우리 삶자락이라고 여겨야 할는지요. 무엇이 그른 줄 모르고, 무엇이 잘못인 줄 모르며, 무엇이 어긋난 줄 모르는 이 쳇바퀴는 이 모양 그대로 우리 터전이요 우리 매무새라고 생각해야 할는지요.

제길을 잃은 말과 제자리를 잊은 글은 제때 제뜻을 보여주지 못합니다. 제대로 제걸음을 걸으며 제날 제소리를 내지 못합니다. 언제나 제자리걸음입니다. 아니, 뒷걸음입니다. 옆걸음입니다.

"어이쿠, 이게 무슨 냄새야!" 나와 김동무는 구수한 물고기국냄
새가 풍기자 얼른 일어나 남비뚜껑을 열어보니 손가락만한 버들
치를 고추장에 넣어서 끓인 국이었다.

「북극갈매기」, 리태학, 연변인민출판사 1988, 96쪽

    어린 날, 동네 늪에서 미꾸라지를 잡아서 집에서 기르곤 했
습니다. 인천 제2항구와 산업도로와 고속도로가 엇갈리는 모
퉁이 한쪽에는 제법 넓은 밭하고 늪이 있었습니다. 어떻게 그
자리에 그만한 땅이 풀숲으로 가득한 채 남아 있었는지 모를
일이지만, 어린 우리한테는 뻘놀이와 바다낚시와 함께 늪놀
이를 즐길 수 있었기에 날이면 날마다 찾아가서 신나게 놀았
습니다.

    그러나 애써 잡아서 집에 마련된 물고기집에 넣어 기르다 보
면 한두 마리씩 줄곤 했습니다. "왜 줄어들지?" 하고 생각해도
알쏭달쏭할 뿐입니다. 그러다가 나중에야 알았는데, 아버지가
그 미꾸라지를 슬쩍해서 "미꾸라지국"을 해 드셨더군요.

    비가 제법 내려 물웅덩이가 생기면 크고작은 소금쟁이가 웅
덩이에서 요리 움직이고 조리 움직이곤 했습니다. 동네 늪에서

물방개를 잡으며 놀기도 하고 "방학생활"에 나온 "관찰하기" 숙제에 나오는 히드라도 늪가에서 찾을 수 있는가 싶어 물속에 들어가 한참 찾아보기도 했습니다. 또 플라나리아를 잡아서 칼로 자르면 어느새 둘로 자라나서 참 놀랍다고 느끼던 나날이었습니다. 그런데 이렇게 뭇 목숨붙이를 만나고 알고 사귀려고 하던 즈음, 어른들은 미꾸라지국을 해서 먹고, 망둥이를 말려서 자시고 하니, 슬프고 씁쓸하고 허전했습니다. 그 뒤로는 늪가에서 미꾸라지 잡는 일이며 바닷가나 뻘에서 망둥이낚시를 하던 일이며 그만두었습니다. 한 해 두 해 무럭무럭 자라 어른이 되고 출판사에서 일하며 사람들을 만나는 자리에서 다른 이들은 으레 "추어탕"을 맛나게 먹어 댔지만, 저는 입에 대지 않았습니다. 미꾸라지를 갈거나 잘라서 마련한 밥거리를 보면, 늘 어릴 적 일이 떠올랐기 때문입니다.

이제는 옛날과 다르지만, 제 어릴 적 인천에서는 고등어보다 게와 갈치와 조기 값이 눅었습니다. 황해에서 잡아 서울로 올려보내는 싱싱한 물고기가 인천을 거쳐서 들어가니 그랬을는지 모르는데, 싱싱하고 좋은 녀석은 곧바로 서울 물고기저자로 가고, 다치거나 못나거나 작은 녀석은 인천에 남아서 인천 저잣거리에서 싼값에 팔렸습니다. 게를 넣은 찌개든, 갈치를 굽거나 조기를 지지든, 어렵잖이 먹고 즐겼습니다. 요즈음은 게 값이 금값 같고 꽤 크고 통통한 갈치나 조기를 구경하기란 목돈 들여야 할 일입니다.

생각해 보면, 좀 떨어지고 못난 물고기였어도 지난날 바다는 오늘날 바다보다 깨끗합니다. 어릴 적에는 거의 날마다 안개를 보고 무지개와 뭉게구름을 손쉽게 볼 수 있었지만, 이제는 안개며 무지개며 뭉게구름이며 거의 구경할 수 없습니다. 그만큼 우리가 누리는 물질문명은 늘어났으니, 우리 삶이 넉넉하거나 푸지거나 아름다운지 모르겠습니다. 돈을 얻으면서 땅을 버리고 하늘을 버리고 바다를 버리고 있지 않은가 궁금합니다.

물고기+(무엇): 물고기국/물고기찌개/물고기튀김/물고기구이/⋯

그나저나, 남녘땅 방송이 중국 연길시 텔레비전에 나온 지 꽤 오래되었는데, 지금도 연길시 한겨레들은 "물고기국"을 끓여서 함께 먹고 있으려나요. 이제는 남녘땅 사람들마냥 생선국, 생선찌개, 생선구이 들만 먹고 있지는 않으려나요.

추어탕 → 미꾸라지국, 미꾸라지찌개
어탕魚湯 → 물고기국, 물고기찌개

백성민스럽다

초기 고우영의 작품 또는 김주영의 소설 「객주」로부터 받은 영
향이 사이사이 향기를 뿜고 있는 이 두 작품은 필자가 보기에 가
장 백성민스럽다.

「한국 만화의 모험가들」, 열화당 1996, 119쪽

"초기初期 고우영의 작품"은 "고우영이 처음에 그렸던 작품"
으로 다듬어 줍니다. "「객주」로부터"는 "「객주」에서"로 고치
고, "필자筆者가"는 "글쓴이가"나 '내가'로 고쳐 줍니다.

만화쟁이 백성민 씨가 당신 붓질을 힘차게 선보인 만화를 이
야기하면서 "백성민스럽다"고 이야기합니다. 말 그대로입니
다. 백성민 씨가 다른 만화쟁이한테서 여러모로 배웠건 안 배
웠건, 다른 만화쟁이 그림투를 따라갔다면 "백성민스러운" 모
습이 아닙니다. 누구한테 배웠더라도 다른 만화쟁이한테는 없
고, 오로지 백성민 씨한테만 있는 기운으로 멋들어지게 만화를
그려낸다면, 그야말로 "백성민스러운" 모습입니다.

어떤 사람이 참 그 사람다운 모습을 보여준다고 할 때, 우리
는 "-답다"를 뒤에 붙입니다. "노무현답다"라거나 "이명박답
다"라고 말합니다. 그런데, 나라밖 사람을 들면서 말하는 자리

를 살피면, "마르크스다운"이라 하지 않고 "마르크스적인"처럼 말합니다. "카뮈다운"이라 하지 않고 "카뮈적인"이라 합니다.

우리한테 "-답다"라는 말투가 없어서 "-적的"을 붙이지는 않을 텐데, 또 "-스럽다"라는 말투가 없기에 "-적的"을 붙이는 셈은 아닐 텐데, 누가 시키지 않는데도 우리 스스로 우리 말투를 쓰지 않습니다. 우리 스스로 우리 말투를 버립니다. 우리 스스로 우리 말투를 깎아내리고, 우리 스스로 우리 말투를 내팽개칩니다.

한국땅에서 한국 느낌이 나는 모습을 말한다면 "한국다운" 모습입니다. 그러나 우리는 "한국다운"이 아닌 "한국적인"을 외칩니다. "미국다운"이 아닌 "미국적인"이라 하고, "필리핀다운"이 아닌 "필리핀적인"이라 합니다. "티베트다운"이 아닌 "티베트적인"이라 하고, "프랑스다운"이 아닌 "프랑스적인"이라 합니다.

스스로 줏대를 버리는 사람은 옷을 잘 차려입고 얼굴과 몸매를 반듯하게 꾸며도, 조금도 아름답게 느껴지지 않습니다. 스스로 줏대를 세우거나 가꾸는 사람은 어떤 옷을 입고 어떤 얼굴과 몸매이더라도 아름답게 느껴지기 마련입니다. 아름다움은 겉치레나 겉발림으로 이루어낼 수 없기 때문입니다. 속에서 우러나는 모습에 따라서 아름답거나 아름답지 않거나가 갈립니다.

우리 스스로 우리 모습을 갈고닦거나 추스른다면, 우리는 더할 나위 없이 아름다울 수 있습니다. 우리 스스로 우리 모습을 버리거나 소홀히 여긴다면, 우리는 더할 나위 없이 못나고 꾀죄죄한 삶이 되고 맙니다.

백성민적이다 → 백성민스럽다/백성민답다

노무현적이다/이명박적이다 → 노무현답다/이명박답다

가장 한국적인 모습 → 가장 한국다운 모습

밝은 미래를 위해 열심히 노력하는 현수 파이팅! 태산 같은 자부심을 가지고 누운 풀처럼 자기를 낮추면서 역경을 참아 이겨내는 멋진 인생 살아가자꾸나.

「엄마 힘들 땐 울어도 괜찮아」, 김상복(글)/장차현실(그림), 21세기북스 2004, 141쪽

"미래未來를 위爲해"는 "앞날을 생각하며"로 손보고, "열심熱心히"는 "부지런히"나 "힘껏"으로 손봅니다. "태산太山 같은 자부심自負心을 가지고"는 "큰산 같은 씩씩함으로"나 "큰마음으로 씩씩하게"로 다듬고, "역경逆境"은 "어려움"으로 다듬으며, "인생人生"은 "삶"으로 다듬어 줍니다.

파이팅(fighting): 운동 경기에서, 선수들끼리 잘 싸우자는 뜻으로 외치는 소리. 또는 응원하는 사람이 선수에게 잘 싸우라는 뜻으로 외치는 소리. '힘내자'로 순화.

낱말책을 뒤적이면, "파이팅fighting"은 우리가 쓰지 말아야 할 낱말임을 또렷하게 깨달을 수 있습니다. 그렇지만, 낱말책에서 "파이팅" 같은 낱말을 찾아보는 사람들이 "그래, 여태껏 내가 잘못된 말을 엉터리로 써 왔군!" 하고 깨달으면서 "바로 오늘부터 이런 말은 쓰지 말아야겠어!" 하고 다짐을 할는지 궁

금합니다. 이렇게 다짐을 하면서 말매무새를 추스르는 분이 다문 한 분이라도 있을지 궁금합니다.

낱말책 뜻풀이가 아니더라도, 신문과 방송에서 틈틈이 다루고 있는 "파이팅"입니다. "화이팅"이라고 적는 분들도 있는데, 이렇게 적거나 저렇게 적거나, "올바르게 적는 일"보다도 "왜 이런 말에 매여서 우리 말을 못하느냐"를 돌아보아야지 싶습니다. 왜 우리는 우리 나름대로 우리 삶에 바탕을 둔 우리 말을 못하고 있는지 곱씹어야지 싶습니다.

그러나, 다시 생각해 보면, 우리 삶은 영어가 으뜸입니다. 온갖 곳에 영어 나부랭이가 판을 칩니다. 우리가 쓰는 어떤 물건이고 영어 알파벳이 박히지 않은 녀석이란 없습니다. 회사원들이 쓰는 이름쪽에는 어김없이 영어로 함께 박을 뿐 아니라, 아예 영어로만 박는 이름쪽마저 많습니다.

달력을 보면 아예 한글을 찾기가 어렵기 일쑤이고, 학교에서는 영어를 못 하면 사람이 아니기라도 하는 듯 얕보고 깔보고 우습게 봅니다. 이런 판에, 우리가 "파이팅"을 걸러 내어, 아니 우리 삶으로 녹여내어 올바르게 쓰도록 한다는 일이란 김빠지는 소리가 아니랴 싶습니다. 말도 안 되는 소리로 느끼겠구나 싶습니다. 세상이 영어 세상이니 영어 쓰는 일이란 마땅하다고 여기지 않습니까. 너도 나도 다 쓸 뿐더러, "파이팅!"을 외칠 때 받는 느낌을 "힘내자!"나 "잘하자!"나 "싸우자!" 같은 말을 외칠 때에는 느끼지 못한다고들 하는데, 어찌 우리 말이며 삶이며 생각이며 거듭나기를 꿈꿀 수 있겠습니까. 우리 나라 이름이 "코리아"로 바뀌지 않은 일이 놀라울 뿐입니다.

우리 팀, 파이팅!
→ 우리 편, 힘내자!
→ 우리 편, 힘내 보자!
→ 우리 편, 잘하자!
→ 우리 편, 잘해 보자!
→ 우리 편, 온힘을 다해 싸우자!
→ …

한국불교환경교육원 원장 유수 <u>두 손 모음</u>

「발우공양」, 정토출판 2003, 5쪽

스님들은 "합장合掌"을 한다고 이야기합니다. "합장"이라고 말하면서 으레 두 손을 가슴에 모아서 붙이곤 하니, 이 낱말 "합장"이 무엇을 가리키는 줄을 어렴풋하게나마 알 수 있습니다.

그런데, 스님들은 언제부터 "합장"이라는 낱말을 쓰게 되었을까요. 스님들은 이러한 낱말로만 당신들 매무새를 가리킬밖에 없었을까요.

한자말 "합장"은 "더하다(合) + 손바닥(掌)"으로, 말짜임은 중국 한문투입니다. 한국 한문투라면 "손바닥(掌) + 더하다(合)"처럼 되기 마련입니다. 아무래도 불교 문화가 우리 스스로 일군 문화가 아닌 바깥나라에서 들여온 문화이기 때문에, 불교에서 쓰는 낱말 또한 우리 스스로 빚어낸 낱말보다는 바깥에서 한문으로 들여온 낱말로 되어 있습니다.

합장은 "두 손바닥을 합하여 마음이 한결같음을 나타냄"입니다. 곰곰이 헤아려 보면, 우리네 옛 어머님들은 맑은 물 한 그릇 떠다 놓고 "두 손 모아 비나이다" 하고 외곤 했습니다.

"합장"이라는 낱말을 아시는지 모르시는지 "두 손 모아" 하고 이야기하셨지요.

(무엇)+모아: 두손모아/마음모아/생각모아/모두모아/…

두손모으기/마음모으기/뜻모으기/생각모으기/모두모으기/…

두 손을 모아서 우리 마음이 한결같음을 나타내려고 하는 매무새는, 생각을 모으고 뜻을 모으고 이야기를 모으는 다른 일로 살며시 이어집니다. "모아"를 뒷가지 삼을 수 있고 "모으기"를 뒷가지 삼을 수 있습니다. "힘모아", "뜻모아", "사랑모아", "믿음모아", "슬기모아"처럼 쓸 수 있고, "돈모으기", "책모으기", "우표모으기", "꿈모으기"처럼 쓸 수 있습니다.

내 삶뿐 아니라 이웃 삶이 아름다워지기를 바라는 마음이, 내 말뿐 아니라 이웃사람 말 또한 아름다워지기를 바라는 마음으로 이어갑니다. 내 말과 이웃사람 말 모두 아름다워지기를 바라는 마음이, 내 터전뿐 아니라 우리 모두가 뿌리내리며 살아가는 터전이 아름다워지기를 바라는 마음으로 옮아갑니다.

합장 → 두손모음, 두손모으기, 비손

차나들이   059

몇 해 앞선 때입니다. 인터넷모임에 올라온 글을 죽 읽다가 어느 분 글에서 "차나들이"라는 낱말을 보고 깜짝 놀란 적이 있습니다. 차를 타고 나들이를 한대서 "차나들이"인가, 그러네, 자전거를 타고 나들이 한다면 "자전거나들이"일 테고, 버스를 타고 나들이를 하면 "버스나들이"일 테며, 기차를 타고 나들이를 떠나면 "기차나들이"가 되겠구나 하고 생각했습니다.

드라이브(drive): 기분 전환을 위하여 자동차를 타고 다니는 일

언제부터인지 떠오르지 않지만, 아무래도 자동차가 우리 삶에 차츰 파고든 때부터일 텐데, 자동차를 타고 움직이는 일을 두고 "드라이브drive"라는 미국말로 이야기하고 있습니다. 낱말책에도 "이 낱말이 실려 있습니다. 지금도 이 낱말은 두루 쓰이고 있으며, 앞으로도 오래도록 쓰이리라 생각합니다.

(무엇)+나들이: 차나들이/기차나들이/버스나들이/자전거나들이

(때)+나들이: 봄나들이/여름나들이/밤나들이/저녁나들이

(곳)+나들이: 들나들이/바다나들이/산나들이

…

꼭 "우리 말 다듬기"를 해야 하기 때문에 "드라이브" 같은 낱말을 다듬어야 하지 않습니다. 굳이 새로운 낱말을 찾아서 써야 하지는 않아요. 다만, 우리가 이 땅에서 살아가는 동안, 이 땅에서 이웃과 오순도순 주고받는 말과 글로 우리 생각을 담아내고 우리 마음을 펼치며 우리 뜻을 넓히는 길을 찾으면 어떨까 싶습니다.

꾸밈없이 말하고 스스럼없이 받아들이며 넉넉하게 어깨동무하는 삶을 헤아린다면, 차를 타고 나들이를 한대서 "자동차마실"이나 "차나들이"라 하고, 겨울날 나들이를 떠난다고 해서 "겨울마실"이나 "겨울나들이"라 하며, 나라밖으로 나들이를 가 본다고 하니 "나라밖마실"이나 "나라밖나들이"라 할 수 있습니다.

생각을 키우는 "우리 말 다듬기"입니다. 생각을 키우지 않고 가둔다면 우리 말 다듬기가 아닙니다. 생각을 북돋우거나 일으키는 우리 말 다듬기입니다. 생각을 가라앉히거나 깔아뭉갠다면 우리 말 다듬기가 아닙니다. 삶을 다스리고 돌보고자 하는 우리 말 다듬기입니다. 삶을 내치거나 업수이 여기자면 우리 말 다듬기가 아닙니다.

드라이브 → 차나들이

어렸을 때부터 썼던 말, 실제 입에서 나오는 말을 쓰고 싶었던
것이 틀림없다.

「우리글 바로쓰기(3)」, 이오덕, 한길사 1995, 207쪽

  "실제實際"는 그대로 두어도 되지만 "으레"나 "늘"이나 "여
느 때"로 다듬을 수 있습니다. "싶었던 것이"는 "싶었음이"로
손봅니다.

  어떤 새로운 말이 아닌 "어렸을 때"입니다. 이 말투와 비슷
하게 "어렸을 적"과 "어릴 때"와 "어릴 적"을 씁니다. "어린 날"
과 "어린 나날"을 쓰기도 합니다. 그러나, 글쓰기로 밥벌이를
하는 많은 분들은, 또 말하기로 밥그릇을 채우는 많은 분들은
"어렸을 때-어렸을 적-어릴 때-어릴 적-어린 날-어린 나날" 같
은 말을 잘 안 씁니다. 으레 "어린 시절時節"로 씁니다. "유년幼
年 시절"도 자주 씁니다. "소년少年 시절/소녀少女 시절"도 쓰
고 "유아기幼兒期"와 "유년기幼年期"라는 말도 흔히 써요.

    어렸을 때부터 쓰던 말, 어릴 때부터 쓰던 말, 어려서부터 쓰던 말

    아이 때부터 쓰던 말, 예전부터 쓰던 말, …

있는 그대로 쓰면 되는 말이고, 느끼는 그대로 적으면 되는 글입니다. 살아가는 그대로 쓰면 되는 말이고, 부대끼는 그대로 적으면 되는 글입니다. 우리는 아기로 태어나 어린이로 크다가 푸름이를 거쳐 젊은이가 되고, 한창 무르익는 나이를 보내고서 차츰 늙은이가 되어 갑니다.

어린 날/젊은 날/늙은 날

통일운동에 몸바친 백기완 님은 「젊은 날」이라는 시모음을 펴낸 적 있습니다. 젊었을 적을 보낸 이야기를 담았으니 "젊은 날"입니다. 이와 마찬가지로, 늙은 삶을 보내는 이야기를 적바림하면 "늙은 날"이 되고, 아직 철이 덜 들던 어린이 때 이야기를 그러모으면 "어린 날"이 됩니다.

그러고 보면, 우리가 "어린이-젊은이-늙은이"라는 낱말을 지어서 쓰듯, "어린날-젊은날-늙은날"이라는 새 낱말을 지어서 쓸 수 있구나 싶습니다. "어린때-젊은때-늙은때"라는 새 낱말을 지을 수 있고, "어린꿈-젊은꿈-늙은꿈" 같은 새 낱말을 지을 수 있으며, "어린삶-젊은삶-늙은삶"과 같은 새 낱말을 지을 수 있습니다.

풀이나 나무나 꽃을 두고 "어린풀-젊은나무-늙은꽃"이라 하면 좀 안 어울릴는지 모릅니다. 그러나 "어린-"은 풀이며 나무며 꽃이며 가리키는 자리에 으레 씁니다. "젊은-"과 "늙은-

"을 붙이는 풀이랑 나무랑 꽃이랑 잘 쓰지 않을 뿐입니다.

　가만히 보면, "어린사람"이 있듯 "젊은사람"과 "늙은사람"이 있습니다. 풀이 "어린날"을 보내면 "젊은날"을 맞이할 테고, 풀마다 제 목숨을 마칠 무렵이면 누렇게 시들면서 "늙은날"을 마무리짓는 셈입니다.

어린-/젊은-/늙은- :

어린날/젊은날/늙은날, 어린삶/젊은삶/늙은삶, 어린꿈/젊은꿈/늙은꿈

어린풀/젊은나무/늙은꽃

　스스로 쓰는 글이든, 누군가 써 달라고 해서 써서 보내는 글이든, 저는 "글을 쓰는 사람"으로서 받아들이고 생각합니다. 그래서 글 사이사이 따로 붙여야 하는 생각조각이 있을 때에는 "글쓴이 생각"이나 "글쓴이 말"이라는 덧말을 달고서 적바림하곤 합니다.

　지난날 책 만드는 일을 하면서 살아가던 때에는 "엮은이 말"을 곧잘 쓰곤 했습니다. 이제는 글을 쓰면서 살아가니 "글쓴이 말"을 쓰는데, 같은 뜻으로 "지은이 말"을 쓰기도 합니다.

　집에서 받아보는 잡지를 살피면, 잡지를 펴내신 분들이 책머리나 책끝에 "펴낸이 말"을 붙이곤 합니다. 그러나 "발행인의 말"이나 "발행인의 편지"처럼 적는 분이 꽤 있습니다.

　글쓴이 말

　엮은이 말

　지은이 말

　펴낸이 말

　…

그리고, 제가 "글쓴이 말"이라고 달아 놓은 덧말을 "필자 주"나 "필자 주석"처럼 고쳐 놓는 분이 꼭 있습니다.

왜 고쳐야 하는지 늘 궁금해서 물어 보기도 하는데, 언제나 돌아오는 대꾸는 "글쓴이 말"은 그리 어울리지 않다는 생각 하나에다가 자기네 매체에서는 여태까지 "필자 주(주석)"라고 적었기 때문에, 이 틀대로 따라야 한다는 생각 둘이라고 합니다.

옳은지 바른지 맞는지, 틀린지 어긋났는지 잘못되었는지 들을 따지는 눈길을 찾아보기 어렵습니다. 그냥 써 오던 대로 쓰거나, 해 오던 대로 할 뿐입니다. 올발라도 올바른 줄 모르고, 비틀려 있어도 비틀린 줄 모릅니다.

필자 주筆者 註(注)

→ 글쓴이 말

→ 지은이 말/덧말, 덧붙임말, 붙임말, …

발행인의 말 → 펴낸이 말

편집자 주 → 엮은이 말

새해 첫날

1월 1일, 곧 새해 첫날을 기하여, (아아, 좋은 새해가 되시기를!)
뉴우베리 씨가 중대한 책을 미장 제본하여 속속 간행한다는 사
실을 이에 삼가 예고하는 바입니다.

「책 · 어린이 · 어른」, 폴 아자르(석용원 옮김), 새문사 1980, 49쪽

"새해 첫날을 기期하여"는 "새해 첫날을 맞이하여"로 다듬습
니다. "중대重大한"은 "훌륭한"으로 손보고, "미장美裝 제본製
本하여"는 "아름답게 꾸며"나 "아름답게 매어서"로 손보며,
"속속續續"은 "부지런히"나 "잇달아"로 손봅니다. "간행刊行한
다는 사실事實을"은 "펴내려 한다는 이야기를"로 손질하고,
"예고豫告하는"은 "미리 알리는"이나 "알려 드리는"으로 손질
해 줍니다.

우리한테는 "설"이 있습니다. 설은 새해 첫날을 명절로 이르
는 말이며, 설을 가리켜 "새해 첫날"이라고도 합니다. 줄여서
"새해"라고도 합니다. 우리한테는 본디 "신정新正"도 "구정舊
正"도 없었습니다. 이런 말을 쓸 까닭이 없었지만, 쓰일 일 또
한 없었습니다.

그러나 "노동자날"을 "근로자날"이라고 억지로 바꾸는 정치

권력자들은, 우리 겨레 명절인 "설"을 설이 아닌 "신정-구정"
으로 바꾸었고, 한때는 "민속의 날"이라는 터무니없는 새이름
으로 가리키기도 했습니다. 노동자한테는 마땅히 "노동절", 곧
"노동자날"인 5월 1일이지만, 새해 달력을 펼치면 어김없이
"근로자의 날"이라고 적혀 있습니다.

추석秋夕 → 한가위

파티party/연회宴會 → 잔치

오늘날 우리는 우리 명절을 우리 명절답게 못 즐기거나 못
누립니다. 먹고살기가 바빠도 명절은 명절인데, "한가위"가 사
라지고 "추석秋夕"이 됩니다. 살붙이와 동무를 불러모아 태어
난 날을 기리는 "잔치(생일잔치)"를 하지는 못하고 "파티
party"만 합니다. "책거리"나 "책씻이"는 자취를 감추고 "쫑파
티(終party)"를 합니다. 그나마 아기들한테는 "돌잔치"를 하는
데, 할머니 할아버지한테는 "예순잔치(예순한 살 잔치)" 아닌
"환갑연還甲宴"이나 "회갑연回甲宴"을 하고 있어요.

음력으로 1월 1일 = 음력설 → 설(날)

양력으로 1월 1일 = 양력설 → 새해 첫날

그나마 "음력설"과 "양력설"이라고 말하는 분을 더러 만납니

다. "구정"이나 "신정"이라 하지 않으니 반갑습니다. 앞으로도 우리는 달력은 양력에 따라서 쓰고, 명절은 음력에 따라서 지낼 테니, "음력설-양력설"이라는 새말을 빚어내어 쓰면 한결 나으리라는 생각이 듭니다. 그리고, 음력설은 말 그대로 "설"이라 하고, 양력설은 "새해 첫날"이라고 이야기해 볼 수 있습니다. 몇몇 달력에서는 1월 1일을 "신정"이 아닌 "새해 첫날"로 적어 놓기도 합니다.

<u>差入口</u>'는 日語 그대로인 '사시이레구찌' 인즉 이런 것 하나 整理 못하고 있는 當務者의 無誠意를 責하지 않을 수 없다.

「국어정화교본」, 한미문화사 1956, 82쪽

1956년에 나온 "국어정화"교본에 적힌 글을 읽습니다. 보기글에서는 "차입구"라는 일본 한자말을 고쳐쓰지 못하는 우리 말씀씀이를 꼬집는데, "차입구" 하나를 꼭 걸러 내야 한다고 하면서도 "日語", "整理", "當務者", "無誠意", "責" 같은 대목은 그대로 두는 모습이 아쉽습니다. 그러나, 1950년대와 1960년대까지는 이런 "국어정화"가 제법 많았습니다.

차입구: (×)

차입(差入): 교도소나 구치소에 갇힌 사람에게 음식, 의복, 돈 따위를 들여보냄. 또는 그 물건. '넣어 줌', '옥바라지' 로 순화.

투입구(投入口): 물건 따위를 넣는 구멍.

2009년 오늘날 낱말책을 뒤적여 봅니다. "차입구差入口"라는 일본 한자말은 실려 있지 않습니다. 언제부터 이 낱말이 낱말책에서 떨려 나갔을까 궁금한데, "차입구"는 떨려 나갔어도

"차입"은 그대로 있습니다. 다만, "차입"을 실어 놓으면서도 "옥바라지"로 고쳐쓸 말이라고 꼬리표를 붙입니다. 그러면, "차입구"뿐 아니라 "차입"도 일본 한자말이라는 소리가 되겠군요.

차입구 → 넣는곳, 넣는구멍, 넣는데

차입 → 넣음, 들임, 넣어 줌, 들여 보냄

낱말책을 다시 뒤적입니다. "차입구"나 "차입" 같은 일본 한자말을 갈음할 만한 토박이말이 얼마나 있는가 싶어 살펴보는데, "넣는곳"이나 "넣는구멍" 또는 "넣음"이나 "들임" 같은 낱말은 실리지 않습니다.

보기글을 통째로 손질해 봅니다. "'차입구'는 일본말 그대로인 '사시이레구찌'인즉 이런 낱말 하나 털어 내지 못하고 있는 우리 마음씀을 탓하지 않을 수 없다."

생각해 보면, "뜯는곳"이나 "먹는곳"이나 "쉬는곳" 같은 낱말도 낱말책에는 안 실립니다. "타는곳"과 "타는문"이라든지, "내리는곳"과 "내리는문"도 낱말책에는 싣지 않습니다. 어른들은 아이들한테 "쓸 돈"을 주는데, 쓰라고 주니 "쓸돈"이지만, 오로지 "용돈(用-)"이라는 낱말만 실릴 뿐입니다.

그래도 "차입구"를 털어 내거나 씻어 내듯 "일어"를 털어 내고 "정리"를 씻어 내며 "당무자"와 "무성의"를 솎아 내는 가운데 "책하다"를 쫓아냈다면, 지금 우리 말과 글은 사뭇 다르지 않았으랴 싶습니다.

불꽃 튀는 세계 경쟁 사회에서 살아남자면 한자도 배우고 영어도 배워야 한다고들 이야기하는데, 한자도 배우고 영어도 배워야 한다고 외칠지라도, 우리는 우리가 쓸 말을 알맞고 올바르고 살갑고 아름다이 익히고 가다듬고 보듬어야 하지 않느냐 싶습니다. 우리 사는 이 땅에서, 우리 어깨동무하고 어우러지는 이 삶터에서.

…연거푸 이틀 밤, 사흘 밤을 꼬박 새워가며 일할 때에는 정신
이 아득하여 저도 모르게 눈이 저절로 감긴다. 졸지 말고 밤일
잘하라고 주인아저씨가 사다 준 <u>잠 안 오는 약</u>을 먹고 억지로 밤
을 새워 일한 다음 날에는 팔다리가 제대로 펴지지 않고 눈만 멀
뚱멀뚱한 산송장이 되는 일도 있다… "전태일 평전"에서

「계집은 어떻게 여성이 되었나」, 이임하, 서해문집 2004, 131쪽

"연連거푸"는 "거푸"로 손봅니다. "거푸"가 "잇따라 거듭"을
뜻하는 만큼 이 앞에 이와 같이 붙으면 겹말입니다. 그러나 같
은 뜻을 겹으로 붙여 좀더 힘주어 말하고 싶었는지 모르므로,
이럴 때에는 "거푸거푸"로 손보면 어떨까 싶습니다.

보기글은 노동자 전태일 님 글에서 따왔다고 합니다. 그러니
까 1960년대를 살던 전태일 님이 "잠 안 오는 약"이라고 이야
기한 셈입니다. 잠이 안 오도록 하는 약을 단출하게 적으면 어
떤 낱말이 빚어질까 궁금합니다. "잠멎음약"? "잠그침약"? "잠
떼기약"? 어떤 이름을 붙여 보면 좋을까요?

잠이 오도록 하려고 먹는 약은 한 마디로 "잠약"입니다. 한
자말로 씌우면 "수면제睡眠劑"입니다. "수면이 들도록 하는

약"이라는 뜻에서 "睡眠＋劑"입니다. 딱히 다른 뜻이 담겨 있지 않습니다. 어딘가 깊은 뜻이 배어 있지 않습니다. 그저 "잠＋약"을 한자로 적으니 "수면제"일 뿐입니다.

잠오는약/잠약 ← 수면제
잠안오는약/잠멎는약

아주 그럴싸한 한 낱말을 얻어도 되지만, 꼭 어느 한 가지 낱말만 얻어야 하지 않습니다. 말 그대로 "잠 안 오는 약"이라 해도 괜찮습니다. "잠쫓이약"이라 하거나 "잠잊음약"이라 해도 어울립니다. "잠없앰약"이라든지 "잠떨이약"이라 해도 돼요. 그러고 보면, "깸약"이라 해도 되지 않으랴 싶습니다. 어떤 낱말을 빚어내든 우리 하기 나름이니까요.

알뜰히 살려서 쓰는 몫도 우리한테 있고, 얄궂게 뒤틀어 놓는 몫도 우리한테 있습니다. 살려쓸 마음이 있으면 언제라도 살릴 수 있습니다. 살려쓸 생각이 없으면 이제부터라도 온통 망가질 수 있습니다.

잠멎음약/잠그침약/잠떼기약/잠잊음약/잠쫓이약/…

지금 사는 집 말고 "작업실"을 하나 둘까 하고 생각해 본 적이 있습니다. 책상만 하나 있고, 오로지 일에만 푹 빠져서 글을 쓰든 잠을 자든 뭐를 하든 한 가지만 할 수 있는 작은 쪽방을 얻어 볼까 했습니다.

그러나 이런 생각도 살림이 좀 괜찮았을 때이니까 했지, 살림이 팍팍하여 보증금 백만 원에 달삯 십만 원짜리 방 한 칸도 아쉬운 때에는 꿈조차 꿀 수 없는 노릇입니다. 아니, 세 식구 단출하게 지낼 작은 볕 잘 드는 방 하나를 얻을 수 있다면, 이곳에서 살림도 꾸리고 일도 하기에 넉넉하지 않으랴 싶습니다.

씻는방에서 빨래 한 점 하고 오면서 생각합니다. 곰곰이 헤아려 보면, 씻는 방이니 "욕실浴室"이 아닌 "씻는방"이고, 잠을 자는 방이니 "침실寢室"이 아닌 "잠방"이나 "자는방"입니다.

일을 하는 방이라면 "작업실作業室"이 아닌 "일방"이나 "일하는방"이라 해야 걸맞구나 싶고, 노는 방이라면 "놀이방"이나 "노는방"이라 하면 넉넉하구나 싶습니다.

살림을 꾸려 "살림집"이지 "가정집家庭-"이 아니듯, 언제나 있는 그대로 말하면 되고, 사는 모습 그대로 이야기하면 넉넉합니다. 저부터 깜빡 잊고 지냈음을 새삼 깨닫습니다.

연경에 들어간 뒤에도 사람들과 더불어 필담을 해보면 모두 능
란하지 않은 이가 없었으며, 또 그들이 지었다는 모든 문편들을
보면 필담보다 손색이 있었다. 그리고서야 비로소 우리 나라의
글짓는 사람이 중국과 다른 것을 알았으니, 중국은 바로 문자로
써 말을 삼고 있으므로 경사자집이 모두 입에서 흘러나오는 성
어였다.

「홍대용과 그의 시대」, 김태준, 일지 1982, 88쪽

　몇 해 앞서까지 "글짓기"라는 말만 두루 쓰였지만, 이제는
"글짓기"라는 말은 거의 쓰이지 않습니다. 요사이에는 "글쓰
기"라는 말만 널리 쓰입니다. "글쓰기"라는 낱말을 처음 지어
낸 분은 당신이 펼친 "글쓰기 교육"이 이처럼 두루두루 퍼진
모습까지는 못 보셨으니 안타깝다고 할 만한데, 요사이 "글쓰
기 교육"은 "글쓰기"라는 낱말을 처음 지어내며 쓰던 분 넋이
나 얼을 거의 따르지 않기 때문에, 오히려 오늘날 모습을 보지
않는 일이 낫지 않으랴 싶기도 합니다.

　"글을 짓는 일"이니 "글짓기"입니다. "글을 짓는 일"이란,
"우리가 품은 생각이나 보고 겪은 이야기를 속으로 생각해서

줄거리를 잡은 뒤 글로 옮겨 적는 일"입니다. 낱말을 지은 틀거리를 헤아릴 때, 글을 짓는 일을 가리키는 "글짓기"가 잘못이라고 할 대목은 없습니다. 그러나 한 가지, 글은 우리 마음에서 우러나오는 대로 "써야"지, 억지스레 "만들"거나 "쥐어짜"듯이 "짓기"만 한다면 말썽이 될 수 있어요. 그래서, 지난날 이오덕 님을 비롯한 여러 분들이 "글짓기"가 아닌 "글쓰기"로 이름을 아예 바꾸면서 아이들하고 함께 배워야 한다고 외쳤습니다.

이런 틀거리를 가만히 살피면서 이웃한 문화와 예술을 돌아봅니다. 학교에서 "미술美術"이라는 이름으로만 가르치는 과목이나 공부나 학문은, "그림"이나 "그림그리기"로 이름을 고쳐서 배우거나 가르치면 어떠할까 싶습니다. 우리 마음이나 생각을 나타내는 또 다른 길은 사진을 놓고도 "사진찍기"라는 이름으로 수수하게 가르치거나 배우면 어떠할까 싶어요.

집안에서 하는 일은 "집살림"이나 "집안살림"입니다. 군이 "가정家政"이나 "가사家事"라는 이름으로 가리키지 않아도 됩니다. "도덕道德"을 가르치거나 배울 수 있으나, "바른길"이나 "착한삶"이나 "아름다운삶"이라는 이름으로 가르치고 배워도 괜찮습니다.

글쓰기: 글을 쓰는 일

그림그리기: 그림을 그리는 일

사진찍기: 사진을 찍는 일

세상이 새로워집니다. 세상일이 하나둘 늘어납니다. 학문도 늘고 책도 늘고 사람도 늘고 문화도 늡니다. 예술 갈래가 늘어나고 과학 갈래도 늘어납니다. 이리하여 이런 여러 가지 늘어나는 사회 얼거리에 따라서 우리 말과 글도 늘어나야 합니다. 새롭게 나타나는 모습을 가리키는 새로운 우리 말이 있어야 하며, 새로워지는 우리 삶을 담아낼 우리 글이 있어야 합니다.

지난날에는 굳이 "글짓기"나 "글쓰기"가 없이 "작문作文" 하나면 넉넉했을지 모릅니다. 그러나 이제는 "작문"이라고 한글로 적는 낱말조차 없어도 되는 한편, "글쓰기" 하나로 새롭게 거듭납니다. "글쓰기" 하나 새로 쓰면서, 글을 쓰는 일을 일컬어 "글쓰다"라 할 수 있고, 글을 쓰는 사람을 두고 "글쓴이-글쓰는이-글씀이-글꾼" 같은 이름을 붙일 수 있습니다.

지난날에는 쓰일 일이 없었을 테지만, 오늘날에는 "말멋-말느낌-말씀씀이-말결"이나 "글멋-글느낌-글씀씀이-글결" 같은 낱말을 새로 빚어내어 써 볼 수 있습니다. 입말과 글말을 이야기하듯 "책말"과 "인터넷말"과 "방송말"을 이야기하는 세상이고, "말버릇"과 함께 "글버릇"도 쓰입니다.

새로운 세상에서 새로운 우리가 쓸 낱말책에는 새로운 삶과 생각과 넋을 고이 풀어놓을 수 있도록 새로운 낱말을 소담스레

담아야 할 줄 압니다. 그래야 낱말책입니다. 이런 일을 하라고,
이런 몫을 맡으라고 낱말책이 있기도 합니다.

글쓰기/글쓰다

글짓기/글짓다

그림그리기/그림그리다

사진찍기/사진찍다

땅임자   067

한숙이네는 땅이 없었기 때문에 남의 땅을 빌려서 농사를 지으
며 살았습니다. 농사를 지어 <u>땅주인</u>에게 얼마를 주고 남은 것으
로 먹고살자니 늘 가난을 면할 수가 없었습니다.

「사장이 된 풀빵장수」, 박상규, 산하 1993, 107쪽

　낱말책에서 "땅주인"을 찾아보면 나오지 않습니다. 그러나
"땅임자"라는 말은 나옵니다. 토박이말 "땅"이라서, 이 말 뒤에
붙이는 낱말로는 "주인主人"이라는 한자말보다 "임자"라는 토
박이말이 어울린다고 생각했기 때문일까요.
　그런데, "집임자"와 "집주인"은 낱말책에 함께 실려 있습니
다. 다만, "집임자" 풀이는 "집임자＝집주인"으로 되어 있고,
"집주인" 풀이도 "집주인＝집임자"로 되어 있습니다.

　임자: (1) 물건을 가진 사람. "이 자리는 임자가 없나" (2) 사람, 물건, 짐승을 잘
다스리거나 다루는 사람. "자전거가 임자를 만났구나" (3) 부부를 이루는 짝이 되는
사람 "이제 임자도 마음 놓으시게"
　주인(主人): (1) 대상이나 물건을 소유한 사람. '임자'로 순화. "책방 주인" "주인
없는 땅" "이 우산 주인 없습니까?"
　지주(地主): (1) 토지를 지니고 있는 사람. (2) 자신이 가진 토지를 남에게 빌려

주고 지대를 받는 사람. (3) 그 토지에서 사는 사람.

　"주인"이라는 한자말을 낱말책에서 찾아보면 모두 다섯 가지 뜻이 달려 있습니다. 이 가운데 가장 널리 쓰는 첫째 뜻을 보면, "임자"로 고쳐서 쓰라고 풀이가 달립니다. 이 풀이말에 따른다면, "책방 주인"은 "책방 임자"로 고치고, "주인 없는 땅"은 "임자 없는 땅"으로 고치며, "이 우산 주인 없습니까?"는 "이 우산 임자 없습니까?"로 고쳐야 알맞습니다.
　낱말책 뜻풀이로 살피면, "땅임자=지주"로 되어 있고, 다른 뜻풀이가 달려 있지 않습니다. "지주"를 찾아보면 모두 세 가지 뜻이 달립니다. 낱말책에 "땅임자=지주"로 되어 있다고 한다면, "땅임자"는 "지주" 쓰임새 세 가지가 모두 있다는 소리가 될까요, 아니면 "지주(1)"하고만 같은 뜻이니, "땅임자"보다는 "지주"라는 말을 써야 올바르다는 소리가 될까요.

땅+임자= 땅임자: 땅을 가지고 있는 사람

　우리가 "땅임자"라고 할 때에는, "땅을 가지고 있는 사람"을 가리킵니다. 우리가 "지주地主"라고 할 때에는, "토지土地를 소유所有한 주인主人"을 가리킵니다.

　저마다 제 마음에 와닿는 말을 골라서 쓸 일이며, 저한테 뜻이 또렷하게 느껴지는 말을 가려서 쓸 일입니다. 어릴 적부터 들던 말이 익숙할 테고, 둘레에서 흔히 듣던 말을 스스럼없이 쓰게 됩니다.

생각해 보면, 펄벅 님이 쓴 문학은 "땅"도 "너른 땅"도 "어머니 땅"도 아닌 "대지大地"로 옮겨졌습니다. 우리 나라 소설꾼 박경리 님이 쓴 문학은 "땅"이 아닌 "토지土地"였습니다. 글꾼 이광수 님은 "흙"을 썼고, 소설꾼 윤정모 님은 "들"을 썼는데, 앞으로 우리 나라 글꾼 가운데 "땅"을 글감 삼아서 이야기를 줄줄줄 펼쳐 나갈 분이 나올 수 있을는지, 없을는지.

아침에 라디오 소리를 듣고 잠이 깹니다. 아침 라디오 방송에 어느 의사가 나와서 눈 이야기를 합니다. 나이가 들어서 "노안"이 된 사람이 눈을 잘 다스리는 길을 이야기합니다. 안경과 콘택트렌즈와 라식 수술 가운데 어느 것이 더 좋다고 하지 않고 사람마다 스스로 알맞고 좋은 방법대로 하면 된다고 이야기합니다.

늙은눈: [북녘말] 늙어서 보는 힘이 떨어진 눈.

노안(老眼): 늙어 시력이 나빠짐. 또는 그런 눈.

낱말책을 뒤적이니 "노안"과 함께 "늙은눈"이 보입니다. 두 낱말이 함께 실려 있군요. 몰랐습니다. 새삼스럽습니다. 그런데 "늙은눈"이라는 낱말에는 "북녘말"이라는 꼬리표가 달려 있습니다. 그런가? 남녘땅에서는 "늙은눈"을 말하면 북녘사람 말을 하는 셈인가?

북녘에서 "늙은눈"과 같은 낱말을 쓰는 줄 몰랐습니다. 저는 그저 "노안"이라고 하니까, 뭔 말인가 하고 한참 생각하다가, 한자로 "늙다(老)+눈(眼)"이라고 해서 "노안"을 지었나 보다 하고 생각했고, 우리는 우리 나름대로 "늙다+눈"이면 "늙은눈"이겠거니 생각했습니다.

늙다+사람 = 늙은사람(늙은이)

늙다+나무 = 늙은나무

늙다+얼굴 = 늙은얼굴

늙다리/늙바탕

알맞게 잘 살려서 쓰는 말이라면, 북녘말이라고 해서 꺼리지 말고 남녘에서도 기꺼이 받아들일 노릇입니다. 즐겁게 잘 펼치는 일이라면, 남녘것이라고 해서 손사래치지 말고 북녘에서도 넉넉히 받아안을 노릇입니다. 좋은 대목은 서로 북돋우고 얄궂거나 모자란 대목은 서로 다독이면서 함께 어깨동무하고 나아가야 한다고 느낍니다.

노안老眼 → 늙은눈

페터와 페트라에게 읽기책을 보여 주며, 어디까지 읽었는지 일
러 주었어요. 선생님이 구나르에게 책을 읽으라고 말했어요.

「엄지소년 닐스」, 아스트리드 린드그렌(김라합 옮김), 창비 2000, 163쪽

　책은 "읽"습니다. 책을 읽은 뒤에 무엇을 느꼈는가를 쓰는
글이라 한다면, "책을 읽은 느낌 글"이고, 줄여서 "느낌글"입니
다. 책을 읽는 일은 "책읽기"이고, 책을 읽히는 가르침은 "책읽
기 교육" 또는 "책읽기 가르침"입니다.

　그러나 처음 이 땅에 "책읽는 문화"가 들어올 무렵, 아이나
어른이나 "독서"를 해야 했고, "독본讀本"을 펼쳐야 했으며,
"독서법"을 이야기하고 "독서 지도"가 생겨났습니다. 그러면서
"독후감"을 쓰도록 했습니다.

　우리 나라 사람들이 책을 무던히도 읽지 않는다고 하여 "책
을 더 읽으려는 정책"이 나오고, "책을 더 읽도록 하는 잔치"가
벌어지며, "책을 더 가까이하도록 돕는 사람"이 생겨납니다.
그렇지만 좀처럼 "책읽기"나 "책읽다" 같은 낱말은 낱말책에
실리지 못합니다. 처음에는 "독서讀書"라는 한자말에 밀리더
니, 이제는 "북book"이라는 영어에 밀립니다. 책 만드는 일을
한다는 분들 스스로 "책잔치"를 꾀하고 "책마을"을 연다면 좋

으런만, 모두들 "북페스티벌"이니 "북쇼"니, 더군다나 "북시티"를 읊고 있어서 머리가 어질어질 아찔아찔 해롱해롱입니다.

그러고 보면, "국민학교"라는 이름은 일제강점기 더께가 짙어서 "초등학교"로 바꾸자는 움직임이 꽤 오래 있은 뒤에야 가까스로 바뀌었습니다. 이와 달리 공무원끼리 쑥덕쑥덕 하면서 "동사무소"는 하루아침에 "주민센터"로 이름이 바뀝니다. "국어"라는 말은 일제강점기 때 "일본사람이 제 나라 말인 일본말"을 가리키면서 쓰게 되었는데, 아이들 수업 가운데 "국어"는 "우리 말"이든 "한글"로든, 또는 한자말로 적어서 "한국어"로든, 아니면 "한국말"로든 바뀔 낌새가 없습니다.

아무래도 우리 스스로 우리 얼을 키우지 못한 탓이라고 느낍니다. 우리 스스로 우리 삶을 일구지 않는 까닭이라고 느낍니다. 우리가 우리 줏대를 세워서 우리 힘으로 우리 땅을 갈고닦으면서 우리 사람을 돌보고 아낀다고 할 때에는, 우리가 늘 쓰는 말이 어이없이 어수선해지지 않게끔 다스립니다. 우리 말이 아름다울 수 있도록 손질하고 보듬고 추스릅니다. 우리 글이 밝게 빛날 수 있게끔 힘을 모으고 생각을 모두고 슬기를 여미어 냅니다.

독본讀本 → 읽기책

독서讀書/독서하다 → 책읽기/책읽다

미나 어머니는 숙희 아버지의 친절한 말 한 마디에도 감격스러
워했습니다. 도시에 있을 때는 늘 바쁘게 쫓기듯 돌아다녔고, 더
군다나 미나 아버지가 사업에 실패한 뒤 죽자 빚쟁이들이 몰려
와 밤낮으로 괴롭혀 대던 생각을 하면, 시골은 그야말로 <u>안식처</u>
같은 느낌이 들었습니다.

「사장이 된 풀빵장수」, 박상규, 산하 1993, 182-183쪽

　"숙희 아버지의 친절親切한 말 한 마디"는 "숙희 아버지가
건넨 따뜻한 말 한 마디"나 "숙희 아버지가 따뜻하게 건넨 말
한 마디"로 다듬어 봅니다.

　　안식처(安息處): 편히 쉬는 곳.
　　안식(安息): 편하게 쉼

　　안식처(편히 쉬는 곳) → 쉼터

　오늘날 시골마을은 도시마을과 견주어 얼마나 "안식처 같
은" 느낌, 그러니까 "편하게 쉴 수 있는 곳" 같은 느낌을 받을
수 있는지 궁금합니다. 가만히 살펴면, 시골이든 도시든, 마을

을 이루며 살아가는 사람들이 다른 걱정이 없이 오순도순 어울릴 수 있다면, 어느 곳이 되든 넉넉하고 포근하고 따뜻하고 살가우며 아름다운 곳이 아니냐 싶습니다.

도시라 하여 모두 메마르지 않으며, 시골이라 하여 모두 따숩지 않습니다. 시골에 사는 사람이라 하여 모두 땅을 닮아 구수하게 살아가지 않으나, 도시에 사는 사람이라 하여 모두 잿빛 건물마냥 차갑지 않습니다. 무엇보다도 어떤 매무새를 지키면서 어떤 이웃하고 어떻게 어우르려고 하는가에 따라서 느낌이며 삶이며 달라지리라 봅니다.

낱말책을 뒤적여 보니, "안식"과 "안식처"라는 한자말에는 보기글을 여럿 달아 놓습니다. "안식처"와 같은 뜻일 "쉼터"를 찾아보니, 아무런 보기글이 달려 있지 않습니다. 고개를 갸우뚱갸우뚱하면서 생각합니다. "쉼터"라는 낱말이 쓰이는 일이 없기에 낱말책에는 보기글 하나 달려 있지 않는가? 보기글을 달아 놓을 만큼 알뜰히 여길 낱말이 아니라고 여기는가? 너무 쉬운 말이라서 보기글이 없어도 된다고 생각하는가?

새들의 보금자리 → 새들한테 보금자리

가정은 삶의 안식처입니다 → 집은 삶을 쉬는 곳입니다

안식을 누리다 → 느긋하게 쉬다

안식을 취하다 → 쉬다

고향에서 안식을 찾았다 → 고향에서 너그러움을 찾았다

우리 삶을 쉴 자리는 어디인가 둘러봅니다. 우리 마음이 쉴 곳은 어디에 있을까 헤아려 봅니다. 우리 생각이 쉬면서 새힘을 얻을 만한 데가 있는가 곱씹어 봅니다. 삶이 삶다움을 찾도록 쉴 자리, 마음이 마음다움을 되찾도록 쉴 곳, 생각이 생각다움을 돌이키도록 쉴 데, 그러면서 말은 말다움을 찾고 글은 글다움을 북돋울 수 있는 터는 어디일는지요. 우리 고운 쉼터를, 우리 너그러운 보금자리를, 우리 따뜻한 오막살이 집 한 채를.

안식처: 안식+처=안식을 하는 곳=편히 쉬는 곳

쉼터: 쉼+터=쉬는 곳

안식처 같은 느낌

→ 쉼터 같은 느낌

→ 보금자리 같은 느낌

→ 포근한 느낌

→ 따뜻한 느낌

→ 넉넉한 느낌

→ 마음이 느긋한 느낌

→ 마음이 차분해지는 느낌

→ …

바람구멍

맨 처음에 적당한 크기의 공간이 생길 때까지 흙을 파내고 거기에다 뺑 둘러 흙벽을 쌓아 굵은 나뭇가지로 서까래를 해 얹었다. 그리고는 그 위에 가마니를 덮고 다시 그 위에다 흙을 퍼올려 덮었다. 그 다음에 비로소 거기에 이엉을 덮어 초가지붕을 만들었다. 그런데 지붕의 한가운데다 미리 네모진 구멍을 남겨 놓아 통풍구를 만드는 것을 잊지 않아야 한다. 그리고는 네 개의 나무판자로 네모난 상자를 만들어 이 구멍에 끼워넣었다.

「한국에 시집온 양키 처녀」, 애그니스 데이비스 김(이정자 옮김), 뿌리깊은 나무 1986, 74쪽

서양사람이 한국에 시집을 왔기에 한국사람 사는 모습을 가만히 들여다보면서 하나하나 적바림해 놓을 수 있구나 싶습니다. 우리는 늘 이곳에 살기 있기 때문이기도 할 터이나, 우리가 살아가는 모습을 있는 그대로 바라보면서 적바림해 놓는 일이 몹시 드뭅니다. 수많은 사진이 나오고 그림이 나오고 글이 나오지만, 이 어마어마하게 쏟아지는 사진과 그림과 글, 책이든 영화든 만화든, 우리 삶을 담아낸 작품은 손가락으로 꼽을 만큼 적습니다. 학문으로 살피든 문학으로 담든 예술로 꽃피우든 어떻게 하든.

생각해 보면, 우리 스스로 우리 삶을 찬찬히 돌아보는 일이

드물다 보니, 우리가 늘 쓰는 말과 글을 덜 살피게 됩니다. 우리 스스로 우리 말과 글을 제대로 안 살피는 버릇이 몸에 굳어지고 있으니, 아무렇게나 말하거나 대충 글쓰면서 우리 나름대로 우리 말 문화를 북돋우지 못하지 않나 싶기도 합니다..

보기글을 살펴봅니다. "네모진 구멍을 남겨 놓아서 "통풍구"를 만"든다고 합니다. "통풍구"는 "공기가 드나들도록 마련한 구멍"을 가리킵니다. 그러니까, "네모진 구멍"은 "공기가 드나드는 네모난 구멍"인 셈이네요.

공기가 드나드는 구멍: 공기구멍
바람이 드나드는 구멍: 바람구멍
물이 드나드는 구멍: 물구멍
불이 나가는 구멍: 불구멍

낱말책을 찾아보아도 그렇고, 보기글을 보아도 그렇고, "구멍"을 만든다고 하면서 "口"라는 한자를 빌어 옵니다. 공기이든 바람이든 드나들도록 한다면서 "통풍通風"이라는 한자를 빌어 옵니다.

우리 나름대로 한결 수월하고 알맞춤하게 새 낱말을 지을 생각을 못합니다. 바람이 드나드는 구멍을 만든다고 한다면 "바람구멍"이라 하면 될 텐데(낱말책에도 이 낱말은 실려 있습니다), 굳이 "바람구멍"을 한자로 옮겨서 "통풍구通風口"로 적어야만 하는지 궁금합니다.

　고등학교였나 중학교였나, 학교에서 처음 생물을 배울 때 "기공"이라는 말을 듣고 참 어려웠습니다. 공기놀이할 때 그 "공기"도 아니고, 우리가 마신다는 "공기"를 뒤집은 말도 아니고, "기공"이 뭔가, 기계공고를 줄여서 "기공"이냐 뭐냐 하면서 뒤통수를 긁적였습니다. 요즈음도 이 "기공"이라는 말을 쓸까요? 아니면 "숨구멍"이라는 우리 말을 잘 살려서 쓰고 있을까요?

　통풍구通風口 → 바람구멍

넓다란 항구에는 작은 산 덩어리같이 큰 외국 배들이 여러 척 떠
있었어요. 열 척도 넘어요. 스무 척 가까이 있었어요. 코펜하겐
에서 온 덴마크의 장사 배 여러 척, 놀웨이 돛단 배 한 척, 영국
에서 온 멋진 욧트가 한 척도 그 중에 끼어 있어요.

「논니와 만니의 모험」, 온 스웬션(이석현 옮김), 성바오로출판사 1969, 14-16쪽

  픽 오래 묵은 어린이책을 들춰보다가 "장사 배"라는 낱말을
봅니다. 이때에는 "장사 배"가 한 낱말이 아니었는지 떼어서
적습니다. 설마 하는 마음으로 「한글학회-큰사전」(1957)을 뒤
적입니다. 이때에는 안 실립니다. 다음으로, 「신기철, 신용철-
새 우리말 큰사전」(1974)을 뒤적입니다. 이때에는 실립니다.
실리는데, "장삿배=상선"으로 풀이가 달립니다.
  국립국어연구원에서 펴낸 「표준국어대사전」(1999)을 뒤적
이니, "상선商船" 말고도 "상박商舶"이니 "고박賈舶"이니 "고
선賈船"이니 "상고선商賈船"이니 하는 낱말이 더 실려 있습니
다. 모두 같은 뜻입니다. 한자는 한 마디씩 다르지만, 하나같이
"장사하는 배", 한 마디로 "장삿배"를 가리킬 뿐입니다.

  우리 말로는 "배"입니다. "배"를 한자말로 옮기면 "선박船

船"입니다. 그런데 오늘날 우리 말씀씀이를 보면, "배를 뭇는
다"고 말하는 사람은 없고, "선박을 건조建造"한다는 말만 있
습니다. "배무이"라는 말은 온데간데없이 사라지고, "조선造
船"이라는 말만 떠돕니다. "배무이터" 또한 쓰지 않고 "조선소
造船所"만 씁니다.

장사+배=장삿배

商(장사)+船(배)=商船

  우리 배무이 문화가 자취조차 남기지 못하고 사라지고 있으
니, 배무이와 얽힌 낱말뿐 아니라 "배"라는 낱말마저 사라져야
할 판입니다. "배 船"이고 "배 舶"이지만, "배"라고는 말할
줄 모르고 "선박船舶"이라고만 말할 줄 압니다.
  신문에서도 방송에서도, 학교에서도 집에서도, 사회에서도
역사에서도, 우리는 다른 이 손이 아닌 우리 두 손으로 우리 말
을 내동댕이칩니다. 누가 시키지 않았고 누가 억지로 밀지 않
았으나, 우리 스스로 우리 말을 까뭉갭니다.

상선商船 → 장삿배

선박船舶을 건조建造하다 → 배를 뭇다

조선造船/조선소造船所 → 배무이/배무이터

대통령 선거를 끝내고 우리 부부는 신혼여행 이후 십 년 만에 처
음으로 단둘이 여행을 다녀왔습니다. 일박이일도 여행이라 이름
붙여도 되는지 모르겠지만 아무튼 우리 부부는 집이 아닌 낯선
곳으로 떠났다 돌아왔답니다. 우리 부부 결혼사에서는 한 획을
긋는, 획기적인 큰 사건이었습니다. 바깥잠 자는 걸 유난히 싫어
하는 남편 덕에 그 흔한 여름휴가도 몇 번 챙겨 보질 못한 세월
이었습니다. 바깥잠 자 본 기억을 꼽기 위해서는 다섯손가락도
너무 많을 정도였습니다.

2002. 12. 23. 어느 인터넷 모임 게시판에서-김경희 님 글

　혼인한 뒤 열 해만에 함께 먼 나들잇길을 떠나 보았다는 분
글을 읽습니다. 얼마나 바빠 살았으면, 얼마나 고달퍼 살았으
면, 부부 둘이서 나들이를 다니지도 못했으랴 싶지만, 제 삶을
돌아보았을 때, 바쁘면 그렇게 될 수도 있겠구나 싶어 고개를
끄덕입니다.

　낱말책에 "외박外泊"은 "자기 집이나 일정한 숙소에서 자지
않고 딴 데 나가서 잠"이라고 나옵니다. 집이 아닌 곳에서 잠
자고 돌아올 때면 으레 "외박"을 한다고 이야기합니다. 군대에

있는 사람들은 "외출外出"과 "외박" 두 가지를 얻어서 한나절이나 하룻밤을 부대 바깥에서 보내기도 합니다.

생각해 보면, 부대 "바깥"으로 나가서 "외출"이고, 부대 "바깥"에서 자기 때문에 "외박"이라 한다면, "바깥나들이"와 "바깥잠"이라고 가리켜도 괜찮을 텐데 하는 생각이 듭니다.

외外+박泊＝외박

밖/바깥+잠＝바깥잠

집에서 먹으면 "집밥"이고, 집 바깥에서 먹으면 "바깥밥"입니다. 집에서 하는 일이면 "집일"이고, 집 바깥에서 하는 일이면 "바깥일"입니다. 집에 살고 있는 사람이면 "집사람"이고, 집 바깥에 있는 사람이면 "바깥사람"입니다. 우리가 쓰는 말은 "우리 말"이나 "토박이말"이고, 나라밖 사람들이 쓰는 말은 "바깥말"입니다.

그 과정에서 우리가 얼마나 '다름'을 참지 못하는지, 그리고 얼마나 자기 중심적 사고에 빠져있는지를 성찰하고 통일, 화합, 평화의 문제를 보는 눈을 새로 뜨는 기회를 가졌습니다.

「북한에서 온 내 친구」, 우리교육 2002, 4쪽

그 갓난아이는 다른 아기들과 조금도 다름이 없었읍니다. 빨갛고 조글조글한 묘하게 생긴 아기였읍니다.

「미생물 사냥꾼 파스퇴르」, 도올리/오형태, 동서문화사 1976, 12쪽

　남녘과 북녘은 다릅니다. 한겨레라는 대목에서는 같지만, 서로 다른 자리에서 다른 틀거리로 살아왔습니다. 곰곰이 헤아려 보면, 같은 남녘땅이지만 남녘사람들끼리도 다릅니다. 경상도와 전라도가 다르기도 하지만, 서울과 경기도가 다르고, 강원과 충청이 다릅니다. 같은 서울에서도 강웃마을과 강아랫마을이 다릅니다. 같은 강웃마을이라지만, 서로 어떤 집에서 어떤 살림으로 살아가느냐에 따라서 다릅니다. 그러나 강웃마을과 강아랫마을로 나뉘었어도 서로 같거나 비슷하게 살아가는 사람이 있습니다. 강원과 제주이지만, 서로 같거나 비슷하게 살아가는 사람도 있어요.

차이(差異): 서로 같지 아니하고 다름.

— "그와 나는 견해 차이가 크다" "큰 차이가 없었다"

우리 말과 한자말은 다릅니다. 같지 않습니다. 한국사람이 쓰는 말과 일본사람이 쓰는 말하고 중국사람이 쓰는 말은 다릅니다. 세 나라에서 한자를 쓴다고 하여도, 한자 씀씀이가 다르고, 한자가 제 나라에서 차지하는 자리가 다릅니다. 중국사람으로서는 한자로 살아가고, 일본사람으로서는 한자 없이 못 삽니다. 그러면 우리 한국사람은 어떠한가요. 한자 없이 말을 못하나요? 한자 없이 글을 못 쓰나요?

성격 차이 → 성격이 다름

능력 차지 → 재주가 벌어짐

세대의 차이 → 세대가 다름

차이가 나다 → 다르다

다른데 억지로 같거나 비슷하게 꿰어 맞출 수 없습니다. 다다른 아이들인데, 다 똑같은 지식을 머리에 쑤셔 넣어야 하지 않습니다. 다 다른 아이들은 다 다른 일감과 놀잇감을 찾아야 합니다. 어떤 아이는 농사꾼으로, 어떤 아이는 출판사 편집자로, 어떤 아이는 기계공으로, 어떤 아이는 그림쟁이로, 어떤 아이는 회사원으로, 어떤 아이는 공무원으로, 어떤 아이는 장사꾼으로, 어떤 아이는 운전수로 자라야 합니다. 때때로 교사가 되는 아이가 있으며, 어버이가 하던 일을 물려받는 아이도 있습니다.

이 다 다른 아이들한테 학교는 무엇을 가르쳐야 할까요. 모두 "다른" 아이들을 무턱대로 "똑같이" 짜맞추는 지식을 가르쳐야 하는가요.

그와 나는 견해 차이가 크다 → 그와 나는 생각이 크게 다르다

큰 차이가 없었다 → 크게 다르지 않았다

한자를 쓰거나 안 쓰거나는 크게 마음쓸 대목이 아닙니다. 다만, 우리가 말하고 글쓰고 살아가는 동안에 한자를 따로 써야 할 까닭은 없다고 느낍니다. 한자도 나라밖글입니다. 한문으로 된 책은 나라밖말을 익히듯 살피면서 읽어 내어야 하고, 우리 누구나 읽을 수 있도록 번역이 되어야 합니다. 번역이 되지 않은 한문문학은 한국문학이라고 말할 수 없습니다. 정약용이고 이규보고, 한글로 적히는 토박이말로 옮겼을 때 비로소 한국문학으로 받아들여야지, 한문으로만 적혀 있으면 우리 문학이 아니라 중국문학, 또는 어중간한 문학일 뿐입니다.

우리가 우리임을 깨닫는 일은 우리가 우리 나름대로 얼마나 값이 있고 뜻이 있고 아름다우며 보람이 있는가를 마음에 새기는 일입니다. 우리가 우리를 먼저 제대로 깨닫는 눈을 키워야,

비로소 우리 아닌 이웃을 이웃 모습 그대로 바라보고 새기면서 껴안을 수 있습니다. 우리 스스로 우리가 누구인지를 알지 못하는 가운데 이웃이 누구인지 제대로 알겠습니까. 한국말과 한국땅과 한국사람을 모르면서 미국말과 미국땅과 미국사람을 알겠습니까. 한국 역사를 알아야 일본 역사가 보이고, 한국 사회를 알아야 미국 사회가 보입니다.

우리 말은 어떠하고 한문은 어떠하며 미국말은 어떠한지를 가만히 살피는 가운데, 다 다른 말과 글임을 살갗으로 느끼면서, 우리가 발 딛고 있는 우리 땅에서 우리 이웃과 나눌 말은 무엇인가를 찬찬히 다스려야 한다고 생각합니다.

차이差異 → 다름

저녁때 비가 오기 시작했을 때 지혜 어머니는 운전사에게 ㄱ시
에 있는 지혜 고모집에 가 보고 오라고 했었다.

「지혜의 언덕」, 이원수, 분도출판사 1979, 78쪽

　어린이문학을 하는 분들과 어른문학을 하는 분들 글은 사뭇
다릅니다. 두 문학은 읽어 줄 사람이 다르니, 저마다 문학을 읽
어 줄 사람들 눈높이에 맞추기 마련인데, 어린이문학을 하는
분들은 어른문학을 하는 분들보다 말투나 말씨에 좀더 마음을
쏟습니다.

　마땅한 노릇일 테지요. 어린이문학을 즐길 아이들 눈높이를
헤아린다면, 또 아이들이 어린이문학을 읽으며 받는 영향을 생
각한다면, 아무 말이나 쉬 집어넣을 수 없습니다. 어른들끼리
흔히 주고받는 말이라고 해서 함부로 쓸 수 없기도 합니다. 욕
이나 거친 말뿐 아니라, 얄궂거나 어려운 말, 또 어설피 집어넣
는 바깥말 자랑이나 낡은 말투는 삼가야 합니다.

　어린이문학을 하는 분 가운데에도 어느 도시이름을 숨겨 쓸
때에 "K시"로 적는 분이 있기는 합니다. 더욱이, 요즈음 어린이
문학에서는 "ㄱ시"보다는 "K시"를 쓴다고 느낍니다.

어른들이 읽는다고 하는 여느 신문을 읽다 보면, 사람이름이나 학교이름이나 땅이름을 가리키면서 영어 글자 앞글자를 적곤 합니다. "ㅅ대학교"나 "ㅂ씨"처럼 적는 일은 거의 없고, "S대학교"나 "P씨"처럼 적습니다. 우리로서는 한글 앞글자, 닿소리 앞글자를 따면 될 터이나, 이렇게 글을 적는 분이 뜻밖에도 몹시 드뭅니다.

ㅇ시/ㅂ군/ㄷ면/ㅎ리 ← Y시/B군/D면/H리

선생님과 친해지고 싶어서 이야기하는 남자 애들도 있다. 선생님과 친하게 지내고 싶으면 어깨도 주물러 주고, 선생님이 의자에 앉아 있는데 재미있는 이야기나 해 주면은 친하게 지내는 것 같다. 선생님이 빙글 의자에 앉아 있는데 자기 의자 가지고 와서 도란도란 얘기하면 선생님이 좋아할까?

「선생님도 몰래 해보세요」, 굴렁쇠 2002, 49쪽

초등학교 1학년 아이가 쓴 글입니다. 아이는 선생님이 앉아 있는 걸상이 "빙글 의자"라고 이야기합니다.

우리는 모두들 "회전의자"라고 이야기합니다. "회전을 하는 의자"이니 "회전의자"입니다.

아이들한테 "회전의자"라는 말을 가르쳐 주고, 이 말이 어떻게 지어졌는가를 알려줄 수 있습니다. 한편, 아이 입에서 저절로 튀어나온 "빙글 의자"라는 말을 살려 봅니다. "그래, 네 말대로 빙글빙글 돌아가는 걸상은 '빙글걸상'이라 하면 되겠구나" 하면서, 아이가 문득 지어낸 낱말을 고이 받아들여서 새 낱말로 삼아 봅니다.

낱말책을 뒤적여 보면 "빙글걸상"이든 "긴걸상"이든 "나무걸상"이든 하나도 안 실려 있습니다. 그러나 우리는 얼마든지 이와 같은 낱말을 지어낼 수 있습니다. 넉넉히 쓸 수 있습니다. 그리고 우리가 알뜰하게 쓸 새 낱말은 국어학자나 지식인만이 아닌 여느 사람들도 즐겁게 빚어낼 수 있습니다. 어른들이 새로 지어서 퍼뜨리는 새 낱말을 받아들여도 좋고, 아이들이 제 깜냥껏 알맞춤하게 빚어내어 함께 쓰고 나눌 수 있는 새 낱말을 받아들여도 좋습니다.

빙글걸상: 빙글빙글 도는 걸상

굴렁걸상: 굴러서 움직일 수 있는 걸상

바퀴걸상: 바퀴가 달려 끌 수 있는 걸상

푹신걸상: 푹신한 깔개가 있는 걸상

나무걸상: 나무로 만든 걸상

긴걸상: 길이가 긴 걸상

…

나라안 사람들 모두가 우리 한글을 쉽게 배워서 쓰게 하려고 펴
낸 책. 맨 처음에는 한글을 훈민정음이라고 불렀어요.

「어린이 마을」 1984년 10월호, 웅진, 86쪽

우리가 흔히 쓰거나 즐겨서 쓰는 모든 말이 낱말책에 실리지
는 않습니다. 모든 낱말을 담아 놓을 수 없기 때문에 안 실리기
도 하지만, 국어학자들이 새 낱말로 받아들이지 않아서 못 실
리기도 합니다.

예전 조선시대 학자나 양반이나 사대부들이 흔히 쓰던 한문
낱말은 꼬박꼬박 낱말책에 실리곤 합니다. 국어학을 파고드는
학자들이 예전 한문 자료를 차곡차곡 챙겨 놓았기에, 이 자료
를 바탕으로 예전에 쓰이던 한자말을 실어 놓습니다. 비록 이
예전 한자말 가운데 오늘날에는 쓰이지 않는 낱말이 대단히 많
다고 하더라도.

이러한 한자말과는 달리, 요사이 국어학자들은 우리가 익히
쓰는 낱말을 두루 살피지 않고 있습니다. 오늘날 두루 쓰이는
모든 낱말을 살피기 어렵기도 하거니와, 토박이말로 새로 빚어
서 쓰는 여느 사람들 말씨나 말투나 말결을 썩 달갑지 않게 여
기기 때문은 아니냐 싶습니다. 또한, 새 낱말이 될 자료를 모은

다고 할 때에, 어린이책에서 말 자료를 모으는 일이 드뭅니다. 어른문학에서 말 자료를 모은다고 할 때에도 몇몇 사람 작품에 치우치거나 어느 한쪽 길을 걷는 사람들 말 자료만 모으고 있고, 몇 가지 신문 사설에서 말 자료를 모으곤 합니다. 이러다 보니, 낱말책에 새로 실리는 낱말이란 자꾸만 외곬으로 치달으면서, 우리 삶을 좀더 널리 껴안지 못하기도 한다고 느낍니다.

국내(國內) : 나라의 안
국외(國外) : 한 나라의 영토 밖

나라안 : 어느 나라가 다스리거나 힘을 뻗칠 수 있는 땅 안쪽
나라밖 : 어느 나라가 다스리는 땅 바깥쪽

"국내"와 "국외"와 "외국"이라는 한자말이 있습니다. 이 말은 퍽 오랫동안 두루 쓰입니다. 낱말책에도 실립니다. "나라안"과 "나라밖"이라는 토박이말이 있습니다. 곧잘 쓰이며, 낱말책에는 안 실립니다. 저처럼 "나라안-나라밖"으로 붙여서 쓰는 분들이 있고, "나라 안-나라 밖"처럼 띄어서 쓰는 분들이 있습니다. 낱말책에 올림말로 실리지 못했으니, "나라 안-나라 밖"처럼 띄어서 써야 옳다고 할 수 있습니다.

그런데, "국내-국외"에다가 "외국" 같은 말은 얼마든지 지어쓰는 우리가, "나라+안=나라안", "나라+밖=나라밖" 같은

말짜임을 펼치며 새롭게 지어서 쓰는 낱말을 일구어 볼 수는 없을까요. 이처럼 짓는 낱말들을 우리 손으로 우리 낱말책에 살포시 실어 볼 수는 없는가요.

"나라살림", "나라빚", "나라정책", "나라말", "나라얼", "나라땅"……과 같이 써 볼 수 있지 않느냐 생각합니다. 우리 스스로 우리 말힘을 북돋우고 말살림을 키울 수 있지 않느냐 생각합니다.

천하와 국가를 논하는 것이 국회인데 여자와 아이들의 문제는
작은 것이라는 의식이 남성의원들에게 있는 것은 아닐까. 인류
의 절반은 여자이다. 이런 여자의 문제가 작은 문제로 취급되는
한 대다수의 남자도 적게 취급받는 결과가 될 것이다.

「미혼의 당신에게」, 다나까 미찌꼬(김희은 옮김), 백산서당 1983, 72쪽

　낱말책을 뒤적이면 "대사大事"와 "소사小事"라는 낱말이 실
려 있습니다. 토박이말은 "큰일"은 실려 있습니다. 그렇지만
"작은일"은 실리지 않습니다. "대소사大小事" 같은 낱말은 실
리고 곧잘 쓰이지만, "크고작은 일"이라는 말은 두루 쓰여도 낱
말책에 안 실립니다. 아니, 못 실립니다.

　부피나 양을 두고 "작은무게(적은부피)-큰무게(큰부피)"라
고 가리키는 사람은 거의 보지 못했습니다. 모두들 "소량少量-
대량大量"만 말합니다. 학교이름 앞에 "대大"자를 넣어 "대大
아무개 고등학교"처럼 말하기는 해도 "큰 아무개 고등학교"처
럼 말하는 이는 없습니다.
　마음그릇이 크거나 넓은 사람은 "대인大人"이기도 할 터이
나, 대인에 앞서 "큰사람"입니다. 또는 "큰어른"입니다. 마음

그릇이 작거나 좁은 사람은 "소인小人"이거나 "소인배小人輩"일 터이나, 소인과 소인배에 앞서 "작은사람"이나 "좁은사람"입니다.

오늘날 우리는 우리 말과 글을 자잘하거나 하찮은 것으로 내몰았습니다. 말을 배운다고 하면 영어나 일본말이나 중국말을 배우는 일로만 여깁니다. 우리 스스로 우리 말을 배우지 않고 가르치지 않습니다. 곰곰이 돌아보면, 딱히 어찌어찌 가르치지도 않았는데 모두들 용케 잘 쓰고 있습니다. 맞춤법이나 띄어쓰기는 곧잘 틀려도 말 못하는 사람 없고, 글 못 쓴다는 사람 없습니다.

좀 어렵거나 이상한 말을 섞어도 그럭저럭 알아듣습니다. 말투가 영 어설퍼도 뜻과 느낌과 흐름을 살피며 알아차립니다. 퍽 용한 노릇인데, 우리 스스로 우리 말을 낮잡거나 깔보거나 거들떠보지 않아도, 우리 말이 쉬워서 그런지 우리가 똑똑해서 그런지, 말하고 글쓰는 데에 큰 걱정이 없으니, 예나 이제나 우리 말은 찬밥 대접에다가 작은일로만 여겨집니다.

대사大事 → 큰일

소사小事 → 작은일

대소사大小事 → 크고 작은 일

서울 동대문에 있는 "밀리오레"라는 곳을 찾아가던 때 일입니다. 그곳 1층으로 들어설 때 보니 나들문에 몇 가지 글이 적혀 있었습니다. 지금도 그대로 있을지 궁금합니다만, 여러 해 앞서 그곳 나들문에 하나는 한글로 "한사람씩", 하나는 한자로 "1人用", 또 하나는 알파벳으로 "one person"이라 적혀 있었습니다.

뱅글뱅글 돌아가는 문, 그러니까 "회전문回轉門"에 적힌 말이었습니다. 뱅글뱅글 돌아가는 문에 둘이나 셋씩 들어서면 꽉 막힐 뿐더러 다칠 수 있기 때문에 붙여놓았지 싶습니다. 그러고 보면, 여럿이 드나들면 다칠 수 있다고 하는 그런 문을, 사람들 북적거리는 곳 나들문으로 써도 괜찮은가 싶은데, 어떤 마음으로 뱅그르르 문을 달았는지 모르지만, 그곳을 드나드는 사람은 한국사람과 일본사람과 영어 쓰는 사람이었기에 세 나라 글로 알림글을 적었으리라 봅니다.

어수선하고 북적북적거리는 곳을 빠져나와 한숨을 돌리면서 생각합니다. 세 가지 글로 적은 알림글이라 한다면, 하나는 우리 한국사람보고 알아들으라는 글이요, 다른 하나는 일본사람과 중국사람 알아보라고 적은 글이며, 마지막 하나는 영어를 쓸 서양사람 보라며 적은 글이겠다고. 우리는 으레 "몇 인용"이라고 말하고 있는데, 곰곰이 따지면 이러한 말투는 우리 말투가 아니라 일본사람과 중국사람한테 어울리는 말투요 일본사람과 중국사람이 쓸 말투라는 소리가 된다고.

1인승 차/2인승 차 → 혼자 타는 차, 하나 타는 차/둘 타는 차

삼겹살 삼인분 → 삼겹살 세 사람 치(몫)

1인실/2인실 → 혼자 쓰(자)는 방, 하나 쓰(자)는 방/둘 쓰(자)는 방

"-인용人用"과 더불어, "-인승人乘"이 쓰입니다. "-인분人分"도 쓰입니다. "-인실人室"도 쓰여요. 이런 말투를 쓰면서 우리 스스로 "이 말투가 우리한테 걸맞은 말투인지 우리가 쓸 만한 말투인지" 돌아보는 일이란 없습니다. 예부터 써 왔다는 생각에 그러려니 하거나, 예전부터 듣고 보고 썼으니 앞으로도 이대로 쓰면 그만이라고 여깁니다.

두 겹도 한 겹도 아닌 세 겹이라서 "세겹살"이지만, 세겹살이라고 말하는 사람은 거의 없고, 한결같이 "삼三겹살"이라고 합니다. 다섯 겹으로 된 살이라면 "닷겹살"이나 "다섯겹살"이라고 말해야 올바르지만, "오五겹살"이라고만 말합니다. 밥집에서 "밥 한 그릇 주셔요" 하고 말하면 잘 알아들을 일이나, "공기밥 일인분이요" 하고 말하기 일쑤입니다. 오락실에는 "일인용"과 "이인용"이 있을 뿐, "혼자 하는" 오락이나 "둘이 하

는" 오락은 없습니다. 운동경기를 해도 "단식"과 "복식"뿐이
지, "혼자"나 "홀로" 치르는 경기와 "짝"이나 "짝궁"을 맺어 치
르는 경기와 "여럿이" 함께 치르는 경기로 나누지 않습니다.

우리 스스로 우리 말로 버릇을 들이지 못하고, 우리 스스로
우리 말투로 우리 삶을 추스르지 못합니다. 우리 스스로 우리
낱말로 우리 생각을 여미지 못하고, 우리 스스로 우리 말씀씀
이를 북돋우지 못합니다. 이냥저냥 딸려가고, 그냥저냥 흘러갑
니다.

무슨 교실이 있는 것도 아니요, 학당이 있는 것도 아니었다. 생각 끝에 윤봉길은 입을 열어 자신의 계획을 말하였다. "야학당을 마련하고 일을 시작하려면 시간이 오래 걸릴 테니 별 수 없소. 우선 우리 집 사랑방에서라도 시작해 봅시다" 저녁 무렵 윤봉길은 사랑방에 흑판을 걸고 환경 정리를 하기 시작했다. 이 <u>배움터</u>에 불이 켜지면서 새 희망은 약동할 참이었다.

「천추의열 윤봉길」, 임중빈, 물연구소 1975, 114-115쪽

　언제부터였는지 뚜렷하게 떠오르지 않습니다만, 1980년대 들어서고부터 "배움터"라는 말이 곧잘 쓰였고, 요즈음도 드문드문 이 낱말을 들을 수 있습니다. 처음 쓰이기로는 1960년대가 아닐까 싶은데, 그때에는 우리 말 운동을 하는 사람을 비아냥거리는 자리에서 꽤 쓰였어요. "이화여대"를 "배꽃계집큰배움터"로 고쳐서 써야 한다는 소리를 읊고 있느냐고 하면서.

　자료를 더듬어 보거나, 그 무렵 우리 말 운동을 하신 분들 말씀을 들으면, "이화여대"를 "배꽃계집큰배움터"로 고쳐야 한다는 이야기는, "한글만 쓰기"를 외치는 분들 쪽에서 꺼내지 않았습니다. 한글만 쓰기를 깎아내리려고 하는 "한자 섞어쓰기" 외치는 쪽에서 여론을 비틀려고 슬그머니 내놓은 말입니다.

서로서로 좀더 나은 길을 찾아나서면 좋으련만, 왜 서로를 깎아내리고 서로를 못마땅하게 여기는가 안타깝습니다. 그러면서도, 한자 섞어쓰기를 외치는 쪽에서 꺼내어 준 "배꽃계집 큰배움터"라는 낱말을 곱씹으면서, 우리 말이 나아갈 새로운 길을 헤아리게 됩니다. 우리는 그동안 "이화여대"라 했으니 "이화여대"라고 쓰지만, 옛 시조를 읊으면서 "이화에 월백하고"가 아닌 "배꽃에 달이 밝고"라 말하고 있음을 헤아린다면, 대학교 이름도 "배꽃대학"으로 붙일 수 있지 않겠느냐 싶어요.

그동안 써 온 한자 이름이 있기는 하지만, 회사이름을 하루아침에 "SAMSUNG"(삼성)이니 "LG"(엘지)니 "SK"(에스케이)니 "Korail"(코레일)이니 "J"(제이)니 하고 바꾸고 있어요. 이제는 생각을 조금 바꾸어서, 학교이름뿐 아니라 회사이름을 "오이꽃"이니 "나팔꽃"이나 "감꽃"이니 "도라지꽃"이니 "나리꽃"이니 "겨우살이꽃"이니 하고 붙일 수 있지 않겠느냐 생각합니다.

또는, "소나무학교"나 "참나무학교"나 "미루나무학교"라는 이름을 붙일 수 있습니다. "쑥골학교"나 "기러기학교"나 "미나리학교"라는 이름을 붙여도 좋아요. 곳에 따라서 "산내골학교"라든지 "두물머리학교"라든지 "꽃섬학교" 같은 이름을 붙일 수 있습니다.

배우는 곳이니 "배움터"입니다. 고개숙여 배우고 서로서로

한 가지 두 가지 나누면서 살아가는 슬기로움을 주고받는 곳이니 "배움터"입니다. 억지로 집어넣는 지식이 아니라, 즐겁게 함께하고 기쁘게 같이하는 곳이라 "배움터"입니다.

다만, "학교"라는 낱말을 싹 걷어치우고 "배움터"라는 낱말만 써야 한다고는 생각하지 않습니다. 또 그렇게 될 수도 없습니다. 더욱이 이렇게 할 까닭조차 없습니다. 학교는 그대로 학교이고, 살갑게 배움을 어우러 놓는 마당을 "배움터"라고 하면 됩니다.

학교에 처음 들어가는 사람들, 그러니까 새내기한테 새로운 배움마당이 어떤 자리인가를 알려주는 자리를 "새내기 새로 배움터(새터)"라는 이름으로 붙이면서 어깨동무를 할 수 있습니다. 학교든 회사든, 오리엔테이션이 아닌 "배움마당" 또는 "첫 배움터"를 열어 볼 수 있습니다.

아이들한테 글쓰기를 가르치는 곳 이름으로 "글배움터"를 써 놓아도 어울립니다. 아이들한테 책을 가르치는 도서관 배움마당을 "책배움터"라 해보아도 괜찮습니다. 갓 혼인하여 살아가는 젊은 가시버시한테 새 삶을 일러 주는 자리를 "사랑배움터"라 해도 되겠지요. 절이나 예배당에서는 "믿음배움터"를 꾸릴 수 있습니다.

기자를 가르치는 곳이면 "기자배움터"가 되고, 교사를 길러 내는 곳이면 "교사배움터"나 "교사기름터"가 되며, 의사를 키우는 곳이면 "의사배움터"가 됩니다.

배우는 곳=배움터

몸을 씻는 방=씻는방, 몸씻이방, 몸씻는방, 몸맑힘방

표를 끊는 곳=표끊는곳, 표사는곳

쉬었다가 가는 곳=쉼터

　우리가 살아가는 그대로, 우리가 어우러지는 그대로, 우리가
일구는 그대로 말이 되고 글이 됩니다. 우리 삶을 고스란히 말
로 담아내며, 우리 생각을 찬찬히 글로 여미고, 우리 모습을 하
나둘 이야기로 풀어냅니다.

"이쁘고 샛빨간 주머니 차고..." 사나에도 곳쑤루도 따라 부른다. "가마귀가 산가마귀가 물어다 줬네..." 낮반인 일학년의 여자 어린이들이 몰렸다. "가시네선상 은제나 올랑가 잉?" 마스노의 눈길이 외솔배기 쪽으로 돌려지자, 다른 어린이들의 눈도 그쪽으로 쏠렸다. "가시네선상 좀 보고 싶지야 잉" 그렇게 말한 것은 머리를 벽에 부빈다는 별명으로 불리우는 가베 곳쑤루였다.

「스물네 개의 눈동자」, 쯔보이 사까에(추식 옮김), 한일출판사 1961, 61쪽

　　오늘날 초등학교를 다니는 아이들은, 아침반과 낮반을 나누어서 학교에 다니던 지난날 일을 모르지 싶습니다. 알까요? 요즈음도 교실이 모자라서 아침반과 낮반을 나눌까요?

　　제가 "국민학교"를 다니던 때에는 저뿐 아니라 둘레 어느 학교에서도, 또래 동무며 위아래 언니오빠들이며, 콩나물 교실에서 배웠습니다. 한 반 수업을 해도 교실이 꽉 차서 끝자리까지 빈틈이 거의 없었습니다. 이러다 보니 교실이 모자라서, 아침과 낮으로 반을 갈라서 따로따로 학교에 다니도록 했습니다(이렇게 해도 교실은 늘 꽉 찼지만).

　　아침에 학교 가면 동무나 언니오빠나 동생들도 많아서 재미있게 놀지만, 낮에는 다들 집으로 돌아갈 때이니, 운동장도 텅

비고 학교 가는 길이나 오는 길도 재미없다고 느꼈습니다. 집에서 아침 늦게까지 개길 수 있기는 했어도, 외려 집에 있으면 지루해서 좀이 쑤셨고, 얼른 학교에 가서 동무들하고 놀 생각만 했습니다.

그때를 돌이켜보면, "오전반"과 "오후반"이라는 이름을 붙였습니다. 저는 "국민학교" 3학년 때까지 "오전오후반"으로 나뉜 학교를 다녔습니다.

"국민학교"를 다니는 동안에는, 교사나 어른들이 붙인 이름을 놓고 꿍얼꿍얼대거나 따지지 않았습니다. 그렇게 이름을 붙이면 그런가 보다 하고 따랐습니다. 교사들이 "구루마"라고 하면 우리도 따라서 "구루마"라고 했고, "바께쓰" 가지고 오라고 하면, 우리는 "바께쓰"를 찾아서 가지고 갔습니다.

생각해 보면, 아침에 학교를 가니 "아침반"이요, 낮에 학교를 가니 "낮반"입니다. 그러나 그때에는 "아침반"과 "낮반"이라고 이름을 붙이지 않았습니다. 그렇지만, 한 번 더 생각해 보면, 모르는 일입니다. 제가 다닌 학교에서만 "오전오후"라 했고, 다른 학교에서는 "아침낮"이라고 했는지 모릅니다. 제가 살던 인천에서는 "오전오후"라 했지만, 다른 곳에서는 "아침낮"이라고 했는지 모르는 노릇입니다.

오전반 → 아침반

오후반 → 낮반

돈없고 돈많고

북과 남의 차이는 <u>돈없는</u> 나라와 <u>돈많은</u> 나라라는 점이다. 돈이
없는 나라에는 쌀이 나가고 돈이 많은 나라에는 로동력이 나간
다. 로동력이 나가는 나라에 대한 수속은 언제나 까다롭다.

「코리안드림」, 리혜선, 료녕민족출판사 2001, 18쪽

　보기글은 "가난한 나라"가 아니라 "돈없는 나라"라 하고,
"부유한 나라"가 아니고 "돈많은 나라"라 합니다.

　　돈있다/돈없다

　　돈많다/돈적다

　돈이 있고 없음에 따라서 사람 삶을 나누기도 합니다. 아니,
돈이 있고 없음에 따라 우리 삶이 갈라져 버립니다. 사회가 가
르고, 학교가 가르고, 우리 스스로도 가릅니다. 사회학 이론을
대지 않아도, 경제학 이론을 늘어놓지 않아도, 우리 둘레에서
어렵지 않게 "있는 사람과 없는 사람 사이 높은 울타리"를 느
낄 수 있습니다.
　돈이 남보다 넉넉하게 있으면, 돈이 남보다 모자라거나 쪼들
리는 사람한테 나누어 주거나 베풀어 주면 될 텐데, 이렇게 하

는 사람을 찾기가 어렵습니다. 지식이 남보다 넉넉하게 있으면, 지식이 없거나 모자란 사람한테 살뜰히 나누어 주거나 베풀어 주면 좋을 텐데, 이리 하는 분을 만나기 힘듭니다. 힘이 남보다 넉넉하게 있으면, 힘이 없거나 여린 사람을 돕거나 지켜 주면 훌륭할 텐데, 이와 같이 애쓰는 분들은 좀처럼 찾아보지 못합니다.

돈이나 지식이나 힘이 있는 사람은, 자기한테 있는 돈과 지식과 힘을 더 키우려고만 할 뿐, 기꺼이 이웃과 나누지 않습니다. 아니, 나누지 못합니다. 왜 그럴까요. 왜 그렇게 스스로 좁다란 우물에 갇히려 할까요. 아니, 스스로를 좁고 어두운 곳에 가두어 놓고 말까요.

부자富者,, 부유층富裕層 / 빈민貧民, 빈자貧者, 극빈자極貧者, 가난뱅이

→ 넉넉이/가난이

→ 푸짐이/쪼들림이

→ 있는이/없는이

→ 돈있는이/돈없는이

→ 돈많은이/돈적은이

어쩌면, 나누며 살기는 하느님이나 부처님이 할 수 있는 노릇인지 모릅니다. 우리 여느 사람은 더 움켜쥐려고 하고, 더 가지려고 하면서, 그나마 조금 가지고 있는 사람 것까지 빼앗으

며 살아가는지 모릅니다. 우리는 참삶을 나누기 어렵고, 참생
각을 함께하기 힘들며, 참말을 즐거이 주고받기 까다로운지 모
릅니다.

　서로서로 슬기롭고 맑은 길을 찾기란, 모두모두 즐겁고 싱그
러운 길을 열기란, 다 같이 반갑고 아름다운 길을 내기란, 몹시
벅차고 고단한 노릇일는지 모릅니다.

지민이가 고개를 끄덕거렸다. "빨리 해. 마침 시간 되면 아이들
이 몰려온단 말이야" 마침 화장실 바닥에 물이 흥건하게 고여 있
었다. 거기에다 물뿌리개로 물을 조금 더 뿌려 놓았다. 그러고는
교실로 들어왔다.

「선생님, 나 집에 갈래요」, 윤태규, 보리 2002, 77쪽

제가 초중고등학교를 다닐 때에는 "조례"와 "종례"만 있었습
니다. 주마다 월요일과 토요일에는 "조회"가 있었습니다. 군대
에서는 날마다 "일석점호"와 "일조점호"가 있었어요.

낱말책에 "조례朝禮"는 "학교 따위에서 그 구성원들이 모여
일과를 시작하기 전에 행하는 아침 모임"이라고 나옵니다. "종
례終禮"는 "학교에서, 하루 일과를 마친 뒤에 담임 교사와 학생
이 한자리에 모여 나누는 인사"라고 적혀 있습니다.

"아침 모임"이 "조례"라면서, "아침모임"을 한다는 이야기는
여태껏 듣지 못했습니다. 하루일을 마치고 나면 저녁일 테니,
저녁에 다시 모인다면 "저녁모임"입니다. 그러나 저녁에 "저녁
모임"을 하고 헤어진다는 이야기 또한 이제껏 듣지 못했습니다.

하루를 여니 "여는 시간"입니다. 하루를 마치니 "마침 시간"
입니다. 학교에서나 일터에서나 군대에서 "여는 때"와 "닫는

때"를 맞이합니다. 처음 마주하니 "첫 자리"인 셈이고, 마지막으로 보고 헤어지거나 잠드니 "마지막 자리"인 셈입니다.

제가 군대에 있을 때, 조심스레 글을 써서 건의를 한 뒤로 "일조점호"와 "일석점호"라는 말을 "아침점호"와 "저녁점호"로 고쳐썼습니다. 모든 군대에서 이 말을 쓰지는 않을 테지만, 제가 몸담았던 데에서만큼은 이렇게 써 주었습니다.

이제는 세월이 흘러서 널리 퍼졌을 수 있지만, 세월이 흐른 탓에 다시 옛날 일제강점기 때 말로 돌아갔을 수 있습니다. 학교에서도, 세월이 흐르며 "조례"와 "종례"를 넘어 "여는 시간"과 "마침 시간"을 보낼 수 있는 한편, "아침모임"과 "낮모임(저녁모임)"을 할 수 있고, 또다시 일제강점기 때 말로 돌아가며 "조례"나 "종례"라고만 할 수 있습니다.

아이들은 그대로 있어도 어른들이 바뀌지 않으면 학교말이 바뀌지 않습니다. 젊은이들은 그대로 있어도 나이든 이들이 고치지 않으면 회사고 군대고 사회고 우리 둘레에서 쓰이는 말이 달라지지 않습니다.

종례 → 마침모임, 마침때

조례 → 아침모임, 여는모임, 여는때

"용아! 너 어디 가니?" "집에!" "느 집 어디냐?" "성북동야. 이사
갔어." "근데 걸어가? <u>버스 값</u> 없니?" 용아는 픽 웃습니다. 버스
값은 까먹은 것입니다. "같이 가자! 우리 큰어머니 집이 성북동
야! 잘 됐다. 큰어머니 집에나 가 봐야지!"

「모래알 고금」, 마해송, 우리교육 1996, 13쪽

　　버스를 타거나 택시를 타거나 배를 타거나 비행기를 타거나
할 때 치르는 돈은 "삯"입니다. 버스를 타면 "버스삯"이요, 택
시를 타면 "택시삯"이며, 배를 타니 "배삯"이고, 비행기를 타서
"비행기삯"입니다.

　　요금(料金): 남의 힘을 빌리거나 사물을 사용·소비·관람한 대가로 치르는 돈.

　　그렇지만 오늘날 우리는 "삯"이라는 낱말은 거의 안 쓰고
"요금" 한 마디로만 이야기를 주고받습니다. 일터에서 "집과
일터를 오가는 데에 들어가는 삯"을 말할 때에도 "교통비交通
費"나 "교통 비용"이나 "교통 요금"으로 말할 뿐, "찻삯"으로
말하는 일이란 없습니다.

　　버스를 타는 삯이 오르거나 전철을 타는 삯이 오를 때, "버스

요금 인상引上"과 "전철 요금 인상"이라고만 이야기할 뿐, "버스삯 오름"이나 "전철삯 오르다"처럼 이야기하는 일이란 찾아보지 못합니다.

교통비交通費/차비車費 → 찻삯

버스 요금 → 버스값/버스삯

기차 요금 → 기차삯

전철 요금 → 전철삯

비행기 요금 → 비행기삯

　생각해 보면, 돈을 "돈"이라 하지 않고 "금전金錢"이나 "비용費用"이나 "자금資金"이라고 하는 우리입니다. 돈이 돈이 아니니, 삯이 삯이 아니며, 값은 또 값이 아니게 됩니다.

　전기를 썼으니 "전기값"을 치르고, 물을 썼으니 "물값"을 치르며, 가스를 썼기에 "가스값"을 치릅니다. 그러나 우리는 "전기세稅"를 내고, "수도세稅"를 내는데다가, "가스세稅"를 내고 있습니다.

"애, 넌 동전이라 떼그루루 잘 구르겠다" "재주 좀 부려 봐라" 내 얼굴이 빨간 노을처럼 붉어졌습니다. "하하하, 쟤 얼굴 좀 봐" "아주 귀여운데" 종이돈 하나가 발로 내 머리를 툭 쳤습니다. 나는 굴렁쇠처럼 떼그루루 굴러갑니다. 지갑 끝 쪽에 머리를 부딪쳐 아야, 소리를 냈습니다. "으하하하" 종이돈들은 배를 움켜잡고 웃습니다. "넌 운이 좋다. 우리와 같은 지체 높은 돈과 함께 있게 되었으니" 나는 입술을 꼬옥 깨물었습니다.

「겨자씨의 꿈」, 조성자, 샘터 1987, 36-37쪽

돈은 종이로 만들지 않고 천으로 만든다고 합니다. 그렇지만 우리는 "쇠로 만든 돈"과 "종이로 만든 돈", 두 가지로 느낍니다. 생각해 보면, 천으로 만든 돈이되, 종이처럼 쓰이는 천이라고 할 수 있습니다.

지폐(紙幣): 종이에 인쇄를 하여 만든 화폐.

동전(銅錢): (1) 구리로 만든 돈. 실제로는 구리와 주석의 합금으로 되어 있다. (2) 구리·은·니켈 또는 이들의 합금 따위로 만든, 동그랗게 생긴 모든 돈을 통틀어 이르는 말

낱말뜻을 살펴보니, 우리는 "쇠돈"이라고 말하지만, 이 쇠돈도 "구리로 된 돈"인 셈입니다.

아이들은 어릴 적부터 "동전"과 "지폐"라는 말만 듣습니다. 척 보았을 때 "종이로 된 돈"이고, "쇠로 된 돈"이지만, "종이＋돈"이나 "쇠＋돈"이 아닌, "지紙(종이)＋폐弊(돈)"나 "동銅〔쇠(구리)〕＋전錢(돈)"이라는 한자로 지은 말만 듣습니다. 한자로 된 말을 듣거나 배우면서 한자를 하나하나 뜯어서 따로 배웁니다. 토박이말로 된 말은 처음부터 듣거나 배우지도 못하지만, 토박이말로 된 말을 들으면서도, 토박이말 짜임새를 뜯어가면서 배우거나 살피는 일은 거의 없습니다.

동전銅錢 → 쇠돈

지폐紙幣 → 종이돈

사람숲

책을 읽다가, 또 신문을 보다가, 또 인터넷이나 방송에서, "인파가 북적인다"는 말을 듣습니다. 책이나 방송이 아니더라도, 버스나 전철을 탈 때면 북적북적거리는 사람들에게 부대낍니다.

인파(人波): 사람들이 많이 모여서 움직이는 모습. 꼭 물결이 치는 듯하다고 해서 붙인 말. "인파가 넘치는 거리"

밀리고 밀고, 치고 치이는 전철에서 누군가 나즈막한 목소리로 말합니다. "무슨 놈의 인파가 ……." 그러나 이렇게 읊조리는 분도 "북적이는 사람" 가운데 하나입니다. 나도 그렇고 당신도 그렇고 옆사람도 그렇고. 서로서로 같은 때에 몰리니 복닥복닥 찡기고 끼이고.

사람이 숲을 이루다: 사람숲

사람이 물결을 치다: 사람물결

사람으로 바다가 되다: 사람바다

…

넘치고 넘치는 사람들은 "사람으로 숲"이 됩니다. "사람으로 바다"가 되기도 합니다. 그렇지만, 사람은 숲처럼 맑은 숨을 내뿜어 주지 않고, 사람은 숲처럼 죽어서 쓰러져도 흙으로 돌아가 거름이 되지 못합니다. 그러나 이 많은 사람들 가슴 한켠에는 숲과 같은 싱그러움이 숨어 있다고 생각합니다. 그예 묻혀 있기만 하나, 풋풋함이 깃들어 있고 아직 꽃피지 못했다고 느낍니다. 서로가 짜증스러운 짐덩어리가 아니라 살가운 숲이라고 받아들일 수 있으면 활짝 피어날 싱그러움과 풋풋함을 간직하고 있는 사람들이라고 믿습니다.

아이들은 발을 멈추고 아버지에게 말하는 것이었읍니다. 떠듬떠
듬하는 말을 추려 보면 이런 것이었읍니다. 다른 집에는 모두 꽃
이 많고 꽃분도 많은데 우리 집에는 없으니 우리 집에도 꽃밭이
랑 꽃분이 있어야 한다는 것이었읍니다. 아버지는 큰 소리로 웃
으셨읍니다.

「바위 나리와 아기별」, 마해송, 교학사 1975, 33쪽

　아침에 골목길 나들이를 하고 집으로 돌아옵니다. 골목마다
봄꽃이 활짝활짝 피어 있습니다. 어느 집 울타리에는 노란 꽃
이 골목께까지 고개를 내밉니다. 잇빛 꽃이 있고 빨간 꽃이 있
습니다. 한 층짜리 골목집 어디를 보아도 꽃빛이 함초롬합니
다. 바로 이웃한 서른 층 높이 아파트까지 보일락 말락일 꽃들.
걸음을 멈추고 고개를 들어 아파트를 봅니다. 틀림없이 저 시
멘트덩어리 안쪽에도 꽃을 가꾸는 집이 있을 터이나, 무슨 꽃
을 기르고 있을지는 알 길이 없습니다.

　화분花盆 : 꽃을 심어 가꾸는 그릇.

　꽃분(-盆) = 화분.

꽃그릇: (1) 꽃이 그려져 있는 예쁜 그릇. 〔북녘〕 꽃 모습을 한 그릇.

물그릇: 물을 담는 그릇.

집으로 돌아와 낱말책을 넘깁니다. 낱말책에도 "꽃그릇"이라는 낱말이 실려 있습니다. 그렇지만 "꽃을 담은 그릇"이나 "꽃을 심어 기르는 그릇"이라는 뜻은 달려 있지 않습니다.

골목집 아저씨와 아주머니는 이른아침부터 당신 꽃그릇 손질을 합니다. 옆으로 슬며시 지나가다가 살짝 돌아봅니다. 이분은 당신 보려고 심어 가꾸는 꽃일 테지만, 당신 혼자 보기에는 참 곱다고 느끼니 이렇게 길가에 꽃그릇을 내놓고 계시지 않겠느냐고.

똑같은 옷을 입고 똑같은 머리끈을 한 계집아이 둘이 골목을 부지런히 달립니다. 어디를 가나? 집에 들어갔다가 구멍가게 앞에 섭니다. 구멍가게 할매가 "오냐 오냐" 하면서 무엇인가를 받습니다. 걸음을 늦추고 귀를 쫑긋 세웁니다. 계집아이 둘은 부모님 심부름으로 가게에 들렀는데 돈이 모자랐습니다. 집으로 다시 가서 쇠돈 몇 닢 받아서 다시 가게로 왔고, 할매는 고맙다고 인사를 하며 손을 흔들어 아이들을 보냅니다. 아이 둘은 또다시 부지런히 뜀박질을 하며 집으로 돌아갑니다.

화분花盆 → 꽃분(-盆) → 꽃그릇

영화를 끝까지 보면, "영화 하나 찍느라 함께한 사람들" 이름을 죽 적어 놓습니다. 도와준 곳도 밝혀 놓습니다. 요즈음은 으레 "스태프staff"라는 영어 글을 적고 있으나, 때때로 "만든이들"이나 "만든 사람"처럼 적어 주기도 합니다.

낱말책에서 "만들다"와 "제작製作"을 찾아봅니다.

만들다: (1) 힘을 들이고 마음을 쏟아서 물건이나 열매를 이루다

(2) 책을 내거나 엮다

(3) 새로운 모습을 이루다

(4) 글, 그림, 노래 들을 새로 이루거나 짜다

(5) 규칙, 법, 제도를 세우거나 새로 엮다

(6) 모임이나 동아리를 이루다

(7) 돈이나 일을 마련하다

(8) 짬, 틈, 겨를, 시간이 모자라거나 없는데 애써 짜내다

(9) 허물, 생채기, 자국이 생기게 하다

(10) 말썽이나 일을 일으키거나 꾸미다

(11) 영화를 찍어서 내놓다

(12) …을 …으로 무엇이 되게 하다

(13) …을 그렇게 되게 하다

제작(製作): 재료를 가지고 기능과 내용을 가진 새로운 물건이나 예술 작품을 만
듦. "음반 제작" "영화 제작에 몰두하다"

우리 말 "만들다"에는 열세 가지 뜻이 있습니다. 이 가운데
에는 "영화를 찍는" 뜻이 있고 "노래를 짓는" 뜻도 있습니다.

음반 제작 → 음반을 만들다
영화 제작에 몰두하다 → 영화 만들기에 온힘을 쏟다

말이란, 써야 늘고 써야 뿌리를 내립니다. 뜻이 아무리 좋다
한들, 느낌이 아무리 싱싱하다 한들, 우리 스스로 이곳저곳에
서 쓰지 않으면 사라집니다. 죽은말이 됩니다.

영어를 가르치는 이들은, "이 자리에서 배운 영어를 곧바로
밖에 나가서 써야 몸에 붙습니다" 하고 이야기합니다. 이 말 그
대로입니다. 새로 배운 영어는 누군가와 주고받아야 차츰 입에
익고 혀로 굴릴 수 있고 머리에도 스며듭니다. 배우고 안 써먹
는 영어는 지식나부랭이조차 안 됩니다.

그러면 우리 말은 어떻겠습니까. 어릴 적부터 자연스레 듣고
배운 우리 말 또한 제대로 제때 제곳에 써야 늡니다. 입에 익고
손에 붙습니다. 알맞고 올바른 말과 글을 부지런히 익혀서 부지
런히 써야 차츰차츰 말솜씨가 늘고 말매무새가 반듯해집니다.

처음부터 말과 글을 잘하는 사람이란 없어요. 아직은 익숙하

지 않으나, 하루에 한 가지씩 익히겠다는 마음으로 오래도록
애써야 비로소 잘할 수 있습니다. 아직까지 엉성궂고 어설프다
고 하더라도, 오늘은 한 대목 배우고, 내일 다른 대목을 배운다
는 마음이어야 합니다. 우리 말이 자꾸 버림을 받고 엉망이 되
는 까닭을 한 가지 들라면, 우리 스스로 우리 말과 글을 올바르
게 쓰려고 하지 않기 때문입니다. 우리 스스로 우리 말과 글을
알맞춤하게 쓰려고 하지 않아서입니다.

제작자製作者: 물건이나 예술 작품을 만드는 사람

작자作者 = 지은이

지은이: 책을 지은 사람

→ 짓/다+은+이

만든이

→ 만들/다+ㄴ+이

　짓는 사람이니 "지은이"입니다. 글을 쓰는 사람은 "글쓴이"
입니다. 그림을 그리면 "그린이"나 "그리는이"나 "그림그린이"
입니다. 영화나 사진을 찍는다고 하면 "찍는이"라 할 수 있어
요. "촬영撮影"이 무엇이겠습니까. "찍다"를 한자로 옮기니 "촬
영撮影"이 되었을 뿐입니다.

저마다 하는 일을 이야기할 때에는 "저는 영화찍는이입니다" 하고 말할 수 있습니다. 영화 끝에 붙이는 자리에는 "영화만듦이 아무개 저무개 이무개 ……"처럼 적거나 "영화만든이 그무개 고무개 구무개 ……"처럼 적을 수 있습니다.

영화찍는이, 영화만듦이, 영화만든이

만든이/찍은이, 만든사람/찍은사람

  "영화"라는 말을 붙이지 않아도, 누구나 영화를 찍은 줄 알 터이니 "만든이"나 "찍은이"라고만 적어도 됩니다. 책을 펴내는 사람은 "책펴낸이"라고도 하지만 "펴낸이"라고만 말하기도 하고, "책엮은이"라고도 하지만, "엮은이"라고만 말하기도 합니다.

가루우유 089

할머니는 말할 기력도 없고, 아들이 어디선가 구해 온 <u>가루 우유</u>를 끓여 주는 것도 먹지 못했다. 길 옆 가장자리에 벽돌 조각을 모아 부스러기 나무를 지펴 가며 아들은 어머니에게 열심히 따뜻한 물을 끓여 주고 있었다. "어머니, 이것 잡수셔요. 어서 몸이 회복되어야만 고향집에 돌아가실 게 아니겠어요."

「몽실 언니」, 권정생, 창작과비평사 1984, 223쪽

  늙은 어머니는 말할 힘(氣力)이 없습니다. 아들이 얻어(求) 온 가루젖도 제대로 먹지 못합니다. 그래도 아들은 부지런히 (熱心) 늙은 어머니를 모십니다. 하루 빨리 어머니가 몸이 나아져서(回復) 고향집으로 돌아갈 수 있기를 바랍니다.

  우유를 가루로 만들었기에 "가루우유"입니다. 밀을 가루로 만들었기에 "밀가루"입니다. 비누를 가루로 만들면 "가루비누"입니다.

  가루+(무엇): 가루젖. 가루비누. 가루약

  (무엇)+가루: 밀가루. 콩가루. 쌀가루

아기한테 엄마젖을 먹이는 분보다 "분유"를 먹이는 분이 늘어납니다. 가만히 보면, 아기한테 젖을 먹이는 어머님들은 "어미젖"이나 "엄마젖"이라 하지 않고 "모유母乳"라는 말을 쓰고, "젖 먹이는" 일을 놓고도 "수유授乳"라는 말을 씁니다. 이런 흐름을 탈밖에 없는 우리 모습이기에, 젖을 가루로 내어 먹이도록 하는 일을 가리킬 때에도 "가루젖"이 아닌 "분유粉乳"라는 낱말을 쓸 테고, 분유를 만드는 공장에서도 물건이름으로 "분유"만을 쓰겠구나 싶습니다.

　　분유粉乳 → 가루젖

　　모유母乳 → 어미젖, 엄마젖

　　수유授乳 → 젖 먹이기

최성국이 후반 10분경 결승골을 성공시킨 후 환호하는 관중들을
향해 골 뒤풀이를 하고 있다.

"스포츠서울" 2002. 3. 14.

　신문기자가 만들 수 있는 말이 아닙니다. 지식인이 빚어내어
퍼뜨릴 수 있는 말이 아닙니다. 한글학자가 지어내어 사람들한
테 가르쳐 줄 수 있는 말이 아닙니다. 이 세상을 살아가는 사람
스스로 말을 빚어냅니다. 저마다 스스로 겪는 자리에서 지어내
기 마련인 말입니다. 저마다 몸소 만나는 사람들 사이에서 만
들고, 저마다 뿌리내리며 일하고 놀고 어울리는 자리에서 만드
는 말입니다.

　억지스레 만들어서 퍼뜨리려고 하는 말은 오래 이어가지 못
합니다. 금세 사그라듭니다. 삶이 배이지 않은 말에 인공호흡기
같은 숨을 불어넣어 준들 스스로 우뚝 일어설 수 있겠습니까.

　언제부터인가 "골 세리머니"라는 말을 썼습니다. 이제는 축
구뿐 아니라 다른 운동경기에서도 "세리머니"를 합니다. 운동
경기 아닌 자리에서도 "세리머니"를 합니다.

　축구 경기는 점수가 많이 나지 않습니다. 그러다 보니, 어렵

사리 한 점을 따낸 다음 기쁨에 넘쳐 춤을 추거나 운동장을 마구 휘젓거나 기도를 올리거나 하지 않았으랴 싶습니다.

그런데 "세리머니ceremony"란 무엇일까요. 이 낱말이 무슨 뜻인 줄 알면서 그렇게들 써 대고 있는가요. 온 나라에 영어바람이 불고 어린아이들한테까지도 영어를 가르치고 있는 이 나라에서, "세리머니" 뜻을 제대로 알면서 이 낱말을 쓰고 있는지요. 영어사전을 찾아봅니다.

세리머니(ceremony): ("로마 근교의 Cære 마을의 의식"이라는 뜻의 라틴어에서) (1) (종교적·국가적·사회적인 공식의 엄숙한) 의식, 식전(式典), 식. (2) (사교상의) 의례, 예의, 형식(formality). (3) 형식을 존중하는 방식, 허식. (4) 겸손한 태도, 예의바른 행동. (5) 형식에 구애받음;격식 차림.

뒤풀이: (1) 어떤 일이나 모임이나 놀이를 끝낸 뒤에 서로 모여 그 자리에서 지내며 남은 기운을 더 즐김. (2) 강령 탈춤을 끝내고 단오를 지낸 열흘 후 다시 놂. (3) 농악이나 탈춤 따위의 놀이 뒤에 구경꾼들과 함께 춤을 추거나 즐김.

유치원에도 들지 않은 꼬맹이한테조차 영어를 가르치도록 하는 이 나라입니다. 공무원이며 지식인이며 교사와 교수며 기자며, 또 동네 아주머니 아저씨까지도 이야기 사이사이 영어 낱말을 슬쩍 끼워넣어야 멋이나 품위나 지식이 있어 보인다고 느끼는 이 나라입니다. 이런 나라, "커다란 한국"땅에서 "세리머니"란 무엇인가요. 무엇이 될까요.

한일 월드컵이 펼쳐지던 2002년 한때, "골 뒤풀이"라는 말
이 쓰였습니다. 그러고 나서 예닐곱 해가 흐른 오늘날, 어느 누
구도 "골 뒤풀이"라는 말을 쓰지 않습니다. 이 말을 처음 쓴 신
문기자도 이제는 "골 세리머니"라고만 할 뿐이며, 이 말을 방
송에서 그렇게 자주 읊던 사회자들도 "골 세리머니"라고만 합
니다. 앞으로 다시 예닐곱 해가 흐르면, 또 예닐곱 해가 거듭
흐르면 어찌 될까요. 그때에도 이제와 마찬가지로 "골 뒤풀이"
가 쓰일까요. 그때에는 "골 세리머니" 말고 새로운 영어로 이
야기를 할까요.

"골 뒤풀이"가 잘 빚은 말이라고 느껴서 처음에 그렇게들 쓰
셨을 텐데, 고작 한두 해도 못 가서 내동댕이치고 "골 세리머
니"로 돌아간 까닭이 무엇일까 궁금합니다. 이 말을 처음 지어
서 쓴 신문기자는 무엇을 생각하고 있을는지 궁금합니다.

공자 이르시되, 젊은 사람은 집에 들어서는 부모에게 효도하고
밖에 나가서는 어른을 공경하고 모든 일에 삼가하여 신용이 있
게 하고 널리 대중을 사랑하되 특히 어진이와 친할 것이니 이를
실행하여 남은 틈이 있거든 학문에 힘을 쓰라.

「국역 논어」, 성균관대 대동문화연구원 1959

성균관대에서 펴낸 「국역 논어」 1959년치에는 "인자仁者"가
아닌 "어진이"로 나옵니다. 요즈음 나온 판은 들여다보지 못했
는데, 예전 판에 옮겨진 대로 "어진이"라고 적는지, 아니면
한자말 "인자"로 적는지 모르겠습니다.
　낱말책을 살펴봅니다.

　어질다: 마음이 너그럽고 착하며 슬기로운 데다가 바르다

　인자(仁者): 마음이 어진 사람

　인자(仁慈): 마음이 어질고 자애롭다

한자말 "仁者"와 "仁慈"는 한글로 적으면 모두 "인자"입니
다. 이 한자말은 한자를 밝히지 않으면 알아보기 어렵습니다.
글흐름을 살피면 어느 낱말을 넣었는가를 가릴 수 있겠지만,

한 낱말만 덩그러니 "인자"라 적으면 헷갈릴 수밖에 없습니다.

어질다+사람(이)=어진사람, 어진이

착하다+사람(이)=착한사람, 착한이

슬기롭다+사람(이)=슬기사람, 슬기로운이

바르다+사람(이)=바른사람, 바른이

…

어질게 살아가니 "어진사람"이요 "어진이"입니다. 그러나 이렇게 짓는 낱말은 낱말책에 실리지 않습니다. "착한이", "나쁜이", "좋은이", "못된이" 모두 낱말책에는 실리지 않습니다. "어진 사람"을 가리키는 "인자仁者"는 낱말책에 싣지만, 토박이말로 지은 "어진이"는 싣지 않습니다.

"인자"라는 한자말은 "仁(어질다)+者(사람)"입니다. "어진이"라는 토박이말도 "어질다+사람"입니다.

있는 그대로입니다. 쓰는 그대로입니다. 생각하는 그대로입니다. 꾸밈없이 담아내는 말이요, 어렵게 비꼬지 않으며 쓰는 글입니다. 이리하여, 우리네 낱말책이라 한다면, 우리네 말씀씀이가 손쉽게 가지를 치면서 새로운 말을 빚어낼 수 있도록 도와주어야 올바릅니다.

영어사전이나 유럽말사전을 보면, "가지 치는 낱말"을 한 올림말 밑에 죽 달아 놓곤 합니다. 우리도 이런 틀거리를 배워, "어질다" 하나를 올림말로 삼은 다음, 이 낱말에서 가지를 치면, "어진이-어진일-어진사람-어진뜻-어진마음-어진넋"처럼 쓸 수 있다고 해 놓으면 한결 나으리라 봅니다.

   일 때문에 어느 동네 골목길을 지나가던 때였습니다. 좁은 골목길을 쉴 틈 없이 드나드는 차 때문에 자주 한쪽 구석으로 비켜서고 다시 걷고 하며 걸었습니다. 그렇게 비켜서곤 하던 어느 때, 한쪽 구석에 비켜서서 차가 먼저 지나가기를 기다리고 있는데, 제가 선 자리 옆에 붙어 있는 종이쪽지 한 장을 봅니다.

벽보 붙이지 마세요

   손글씨가 아닌 인쇄기로 뽑은 글씨로 적힌 "벽보 붙이지 마세요" 한 마디. 이 동네는 너도 나도 벽에 광고쪽지를 붙이고 있었는가 봅니다.

벽보 부착 금지

   다시 길을 걸으면서 곰곰이 생각합니다. 관공서 같은 데 벽에다가 광고쪽지를 붙였다면 "부착금지"라고 적은 쪽지를 붙이지 않을까 싶습니다.

   사람들 느낌이 다르잖아요. "쓰레기를 함부로 버리지 마셔요" 하고 적은 쪽지를 붙이면 우습게 보지만, "쓰레기 투기 금지"나 "쓰레기 투척 금지" 하고 적은 쪽지를 붙이면 조금은 무섭게 느낍니다. "들어오지 마세요" 하고 적어 놓으면, 오히려 궁금하게 여기면서 들어오고, "출입금지" 하고 적어 놓으면, 들어가서는 안 되겠구나 생각하기도 합니다.

우리 말로 하면 부드럽다고 느끼고, 한자말로 하면 딱딱하다고 느끼기 때문일까요. 토박이말은 사람들을 따뜻하게 껴안고, 한자말은 사람들을 차갑게 내몬다고 느끼기 때문일까요.

생각해 보면, 지난날 이 나라 권력자들인 임금이나 사대부나 양반들은 오로지 한문을 쓰면서 백성을 억눌렀습니다. 짓눌렀습니다. 여느 사람은 알아먹지 못할 말을 하고 글을 쓰면서 업신여겼습니다. 세상이 바뀌어 계급이 사라졌지만, 말과 글로 누리는 권력은 고스란히 남았습니다. 초중고등학교와 대학교는 학문에 따라 나뉘는 자리가 아니라 "좀더 어려운 말을 쓰는" 자리로 나뉘어 있을 뿐입니다. 지식을 다루는 분들 말과 글은 "똑같은 생각을 더 어렵게 느껴지는 말로 담아내는 껍데기"에 지나지 않을 때가 잦습니다.

법이든 경제든 정치든 학문이든 마찬가지입니다. 인문학 책도 마찬가지요, 예술을 다루는 책도 매한가지요, 문학을 펼치는 책도 똑같습니다. 껍데기는 한글일지 모르나 속살은 토박이말이 아닌 한문이기 일쑤이며, 이 한문은 우리 삶을 옥죄거나 모가지를 비틀거나 지식자랑으로 우쭐거립니다.

"벽보 붙이지 마셔요"로는 말을 듣지 않으면 "벽보 좀 붙이지 마라, 잉?" 하고 적어 볼 수 있습니다. 그래도 붙이면, "벽보 붙이면 죽어?" 하고 적을 수 있습니다. 그래도 용용 죽겠지 하듯 또다시 붙이면, "붙이면 구슬 떼 버린다" 하고 적어 봅니다. 그러나 요즘 세상에는 "붙이는 놈 비디오로 찍고 있으니 알아서 해!" 쯤은 적어야 말귀가 트이리라 봅니다.

부착금지

→ 붙이지 마셔요

→ 붙이지 마라/붙이지 좀 마/붙이면 가만두지 않음/붙여만 봐/…

출입금지

→ 들어오지 마셔요

→ 들어오지 마라/들어오지 좀 마/들어오면 가만두지 않음/들어와만 봐/…

투척금지

→ 버리지 마셔요

→ 버리지 마라/버리지 좀 마/버리면 가만두지 않음/버려만 봐/…

중국집에서 자장면을 시켜 먹으니 요구르트 하나를 입가심으로 줍니다. 꼴깍꼴깍 다 먹고 나서 문득 무슨 생각인가 들어서 요구르트 병을 찬찬히 살펴봅니다. "주원료: ……백설탕……." 요구르트에 "백설탕"이 들어가는 줄 처음으로 압니다.

집으로 돌아와서 낱말책을 뒤적여 봅니다. 낱말책에서 "백설탕"을 찾아보니 "백당"을 찾아보라고 되어 있고, "백당" 풀이를 보니, "빛깔이 흰 설탕"을 가리킨다고 되어 있습니다.

설마 싶어서 "흰설탕"과 "검은설탕"을 찾아봅니다. 없습니다. "흑설탕黑雪糖"까지는 실어 놓지만, 우리 빛깔이름 "흰-하얀"과 "검은-까만"을 앞가지로 붙인 설탕은 실어 놓지 않습니다.

백설탕 → 흰설탕, 하얀설탕

흑설탕 → 검은설탕, 까만설탕

옛집   094

　야나기 무네요시 님이 쓴 책 「조선과 예술」은 우리 나라에서
여러 가지로 옮겨졌습니다. 한꺼번에 여러 출판사에서 펴낸다
기보다, 얼마만큼 세월이 흐르면 새로운 번역이 나오곤 합니다.

　　바야흐로 행해지려고 하는 동양고건축의 무익한 파괴에 대해서(1974)
　　바야흐로 행해지려고 하는 동양 옛 건축의 무익한 파괴에 대해서(1989)

　1989년에 옮겨진 책을 읽다가 "옛 건축"이라는 말이 보일
때 잠깐 책을 덮습니다. 그러고는 1974년에 옮겨진 책을 뒤적
여 봅니다. 1974년에 옮겨진 책에는 "고건축"이라고 적힙니다.

　　고건축(古建築): 옛 시대의 건축. 또는 오래된 건축.
　　옛건축
　　옛집

　오래된 책이나 낡은 책, 예전에 나온 책을 가리켜 흔히 "헌
책"이라고 하지만, "고서古書"라고 하는 분이 제법 됩니다.

　　고古＋(무엇) → 옛＋(무엇)/헌＋(무엇)

퍽 오래되었으면 "옛-"을 붙이거나 "오랜-/오래된-"을 붙이면 되지 않을까 생각합니다. "옛집", "옛옷", "옛말", "옛사람", "옛책", "옛일"처럼.

"고가/고옥/고건축", "고의", "고어", "고인/고대인", "고서", "고사"처럼 말하고픈 분이 틀림없이 있을 텐데, 우리가 두루 쓰기에 한결 나은 말은 어느 쪽일까 헤아려 봅니다. 우리는 앞으로 어느 쪽 말로 우리 삶을 담아내고 간직하고 보듬으면 한결 나을까 곱씹어 봅니다.

지난달 일이었습니다. 아는 분이 새로 일을 한다면서 사무실을 열었더군요. 저는 그 자리에 가지 못했습니다. 그냥 사무실을 새로 연다는 소식만 들었는데, "개소식을 한다"고 하시더군요.

무슨 소리인지 알아먹을 수 없어서 되묻습니다. "네? 뭐라고요?" "개소식을 한다고요." "개, 소, 식이요?"

낱말책에서 "개소식"을 찾아봅니다.

개소(開所): 사무소나 연구소 따위와 같이 이름이 '소所' 자로 끝나는 기관을 세워 처음으로 일을 시작함. "법무사 사무소 개소"

개소식(開所式): 개소할 때 행하는 의식. "사무소의 개소식을 가지다"

새롭게 일할 사무실을 연다고 한 분은, 우리 말과 글을 퍽 아끼고 사랑한다고 하는 분이며, 이쪽 일도 제법 하신 분. 한동안 할 말을 잊습니다.

개소식을 한다 → 사무실 여는 잔치를 한다

모든 사람은 제 옷밥집을 얻기 위하여는 제 스스로의 손발을 움
직여서 일하는 것으로 대원칙을 삼고 어느 한 가지 일에 육체적
노동을 함으로써 천분을 삼아야 한다. 다만 사회 분업의 발달에
따라, 더러는 손발의 노동보다 오로지 정신의 노동에 종사하는
일도 있겠으나 이는 오히려 한 예외적 일로 볼 것이니 정신 노동
자도 한쪽으로는 육체적 운동 내지 노동으로서 그 휴양 내지 의
무를 삼아야만 건전한 사람살이가 될 것이다. 여기에 이르러 나
는 비로소 교육의 첫째 뜻매김을 내릴 수 있게 되었다. "교육은
사람이 제 손발을 움직여서 올바른 방법으로써 저에게 필요한
옷밥집들을 얻는 능력을 기르는 데에 그 목적이 있다" 이러한 것
쯤은 가장 평범하고 명백한 사람살이의 근본스러운 일이건마는
우리 나라 사람들은 이것을 명확히 인식 실천하고 있지 아니하
는 데에 모든 폐단이 생기고 있다. 옛적 미개 시대에 있어서도
사람은 그 자식들에게 옷밥집을 얻는 방도를 가르쳐 주어서, 제
스스로가 죽은 뒤에도 그 뒷 자손들이 언제나 그 생활을 유지 발
전시켜 나가도록 하였으니 인류 사회의 문화의 발달도 근본 이
러한 생활 교육에서 이루어진 것이라 하겠다.

「나라 건지는 교육」, 최현배, 정음사 1975, 90쪽

남녘땅에 사는 우리는 "의식주衣食住"라고 말합니다. 북녘땅에 사는 우리 한겨레는 "식의주食衣住"라고 말합니다. 남녘땅 우리는 "상호相互"를 말하고, 북녘땅 우리 겨레는 "호상互相"이라 말합니다. 남녘땅 사람들은 "집에 오자마자"라고 말하나 북녘땅 사람들은 "집에 오자바람으로"라고 말합니다.

그렇지만 남녘과 북녘 사람들 말은 크게 벌어지지 않습니다. 제 느낌으로는, 남녘은 남녘 고장말을 쓰고 북녘은 북녘 고장말을 씁니다. 남녘은 거의 서울말로 표준을 잡으나 북녘은 평양말로 표준을 잡습니다. 서울말과 평양말이 같을 수 없으니 조금씩 다르지만, 귀로 듣고 눈으로 보노라면 넉넉히 알아들을 수 있다고 느낍니다.

우리는 옷을 입습니다. 밥을 먹습니다. 집에서 삽니다. 남녘땅 겨레나 북녘땅 겨레나 매한가지입니다. 제 몸에 난 털이 옷구실을 하지 못하니, 다른 데에서 옷감을 얻어서 마름하고 마련해야 합니다. 날마다 끼니를 이어야 힘을 내어 살아갈 수 있습니다. 물을 마시고 바람을 마시고 밥을 먹습니다. 비바람 몰아치는 곳에서 잘 수 있으나, 알맞게 따스하고 알맞춤하게 시원한 보금자리 하나 마련하여 느긋하게 다리 뻗고 잠을 자야 한결 아늑합니다.

이리하여 "옷밥집"입니다. 북녘사람은 "밥옷집"입니다. 남녘에서는 "옷"을 앞에 두고 말합니다. 북녘에서는 "밥"을 앞에 두고 말합니다. 우리가 살아가는 데에 꼭 있어야 할 세 가지입니다. 남녘과 북녘이 말차례는 살짝 다르지만, 바탕은 마찬가지입니다.

의+식+주/식+의+주 (x)

옷+밥+집/밥+옷+집 (o)

그런데 우리는 날이 갈수록 이 "옷밥집"을 잊습니다. "밥옷집"을 소홀히 여깁니다. 아니, 우리 스스로 옷을 마련하고 밥을 짓고 집을 얻는 일을 하지 않습니다. 세 가지 모두 돈을 들여서만 합니다. 돈을 버는 일도 보람을 듬뿍듬뿍 느끼는 일이 아니라 더 많은 돈푼을 챙길 수 있는 일자리를 바랄 뿐입니다.

옷을 누리고 밥을 누리고 집을 누리지만, 정작 옷과 밥과 집에 스민 고운 얼과 넋과 기운은 받아들이지 못합니다. 집에 옷가지가 넘쳐납니다. 집마다 남는 밥이 흘러넘칩니다. 땅값이 오르고 집값이 뛰면서 "앉아서 부자가 된다"는 생각에 젖어듭니다. 이렇게 되니, 말이 "옷밥집"이지 옷 구실을 하는 옷은 사라집니다. 밥 노릇을 하는 밥은 찾아보지 못합니다. 집다운 집은 어디에 있을까요.

한철 바람이 불면 우리 차림새가 바뀌어 헌옷이 수북이 쌓이다가 버려집니다. 돈을 치르며 바깥에서 밥을 사 먹고 일어서는 자리를 보면, 숱하게 남긴 밥알과 반찬거리가 밥상 가득입니다. 재개발이다 재생사업이다 하면서, 집 한 채가 스무 해도 못 버티도록 하며 허물고 또 짓고 다시 허물고 새로 거듭 짓습니다. 한 번 깃든 집에서 쉰 해 백 해를 살면서 딸아들한테 물려줄 수 있는 집은 거의 모두 사라졌다고 해도 틀리지 않습니다. 우리는 딸아들한테 "집"이 아니라 "돈"만 물려줍니다. 돈만 물려주면서, 우리 두 손으로 옷을 깁고 밥을 하고 집을 짓던 땀방울을 잃어버리거나 잊고 있습니다.

이러는 동안 "옷밥집"만 잃거나 잊지 않습니다. "밥옷집"에 깃들어 있던 우리 말을 잊습니다. "집밥옷"에 스미던 우리 삶을 놓칩니다. "밥집옷"에 걸쳐 있던 우리 넋을 버립니다. "옷집밥"과 함께하던 이웃사랑과 이웃나눔은 내동댕이입니다. "집옷밥"에 따라 가꾸던 우리 마음은 바람에 실려 뿔뿔이 흩어집니다. 사람 사는 우리 터전은 사람터대로 무너지고, 자연 목숨붙이가 살아가는 터전은 자연터대로 망가집니다. 다만, 우리만 느끼지 않습니다. 아니, 느끼지 못합니다. 아니, 팔짱을 끼거나 아랑곳하지 않습니다. 온 하늘이 뿌연 잿빛이 되고 매캐한 먼지로 뒤덮여도, 우리 목이 컬컬하고 코가 막히다 못해 아이들이 죄다 살갗병(아토피)에 걸려도 우리 삶을 바로잡으려고 하지 않습니다. 옷과 밥과 집이 제대로 서도록 마음을 기울이지 않습니다. 냇물을 손으로 떠서 먹을 수 없고 수돗물도 그냥 마실 수 없어 정수기를 집집마다 들여놓아야 하는 판인데도, 우리네 소비사회를 돌이키려는 움직임은 일어나지 않습니다.

자꾸만 "큰 이야기"에 파묻힙니다. "크고작은 이야기"가 어디 따로 있겠느냐만, 큰 이야기에 휩쓸리면서 우리 삶을 놓아버립니다. 서울과 부산을 잇는 물길을 막으려는 몸짓은 있으나, 정작 우리 삶을 바로세우거나 추스르려는 매무새는 꼼짝도 안 합니다.

말로는 "의식주"이고, 머리로는 "옷밥집"입니다만, 뼛속 깊숙이 파고드는 삶으로는 받아들이지 못하고 있습니다. 어쩌면, 지금 우리 삶에서는 "옷밥집"이든 "밥옷집"이든 하나도 중요하게 여기지 않는지 모릅니다.

어느덧 우리 삶을 이루는 굵직한 세 가지가 바뀌었는가 봅니다. 아니, 진작에 바뀌었는가 봅니다. 일찌감치 달라졌고, 벌써부터 뒤바뀌었을 테지요. 살가운 동무가 아닌 경쟁자요, 고마운 이웃이 아니라 "내가 만든 물건을 팔 대상"으로 보이는가 봅니다.

예수님을 믿는 분들은 "오늘 우리에게 일용할 <u>양식을</u> 주시
고……" 하는 기도글을 외웁니다. "일용日用할 양식", 그러니
까 "날마다 쓰는 양식"이고, 날마다 쓰는 양식이란, "우리가 날
마다 먹는 밥"을 가리킵니다. 한마디로 말해서, "하느님께서는
오늘 우리한테 고맙게 먹을 밥을 주셨다"는 이야기입니다.

양식(糧食): (1) 생존을 위하여 필요한 사람의 먹을거리.

　"먹을 양식이 다 떨어졌다" "쌀이든 보리쌀이든 어쨌든 양식인 모양이다"

　"일 년 먹을 양식 걱정"

　(2) 지식이나 물질, 사상 따위의 원천이 되는 것을 비유적으로 이르는 말.

　"책을 읽어 마음의 양식을 쌓다" / "정신의 양식도 장만해야지"

식량(食糧): =양식(糧食).

　"식량을 구하다" / "올해는 풍년이 들어서 식량이 남아돈다"

여러 가지 낱말책에서 "양식"을 찾아보는데, 어느 낱말책에
서는 "식용인 곡식. 식량"으로 "양식"을 풀이합니다. "식용食
用"이란 "먹을거리로 쓴다"는 이야기입니다. 낱말풀이를 "식용
인 곡식"으로 했다면 "먹을거리로 쓰는 곡식", 곧 "먹는 밥"이
라는 소리입니다.

먹을 양식이 다 떨어졌다 → 먹을거리가 다 떨어졌다

어쨌든 양식인 모양이다 → 어쨌든 곡식인 모양이다

식량을 구하다 → 먹을거리를 찾다

식량이 남아돈다 → 곡식이 남아돈다

"생수生水"와 "식수食水"라는 한자말이 있습니다. "음료수飮料水"라는 한자말도 있습니다. "생수"는 "먹는샘물"로 고쳐쓰도록 되어 있고, "식수"나 "음료수"를 따지기 앞서, 우리한테는 "먹는물"과 "마실물"이라는 말이 있었습니다.

마시니까 "마실물"입니다. 또는 "마실거리"입니다. 먹으니까 "먹는밥"입니다. 또는 "먹을거리"입니다.

한자로 된 말이라 해도, 우리 말인 한자말이 있고 일본말인 한자말이 있으며 중국말인 한자말이 있습니다. "양식"이나 "식량"은 우리 말이 아닌 한자말입니다. 우리 말인 한자말은 "곡식穀食"입니다. 그리고, 우리한테는 "먹을거리-먹는밥-밥", 이 세 가지 낱말을 때와 곳에 맞추어 알뜰히 쓰면 됩니다.

그런데, 우리는 몸으로만 밥을 먹지 않습니다. 마음으로도 밥을 먹습니다. 이를테면 책읽기는, 마음을 살찌우는 밥먹기와 같습니다.

마음의 양식 → 마음밥

책은 마음의 양식이다

→ 책은 마음을 살찌운다

→ 책은 마음을 살찌우는 밥이다

→ 책은 마음을 가꾸는 밥이다

→ 책은 마음밥이다

→ …

　몸에 밥이 되면 "몸밥"입니다. 마음에 밥이 되면 "마음밥"입니다. 우리는 우리 삶이 있고 우리 터전이 있고 우리 얼하고 넋이 있으나, 아직까지 제대로 우리다움을 간수하거나 추스르지 못하고 있습니다. 우리한테 가장 알맞고 사랑스러운 우리 말과 글이 있으나, 여태까지 우리 말과 글을 가꾸거나 돌보면서 우리 마음과 몸을 슬기롭게 일으키지 못하고 있습니다.

　아무래도 몸밥도 마음밥도 알맞춤하게 받아들이지 못했기 때문이라고 느낍니다. 우리 스스로 우리 몸밥을 다스리지 못하고, 우리 손으로 우리 마음밥을 북돋우지 못한 탓이라고 봅니다.

　한결 나은 길이 있어도 걸어가지 못했습니다. 훨씬 애틋한 길이 있어도 등돌리고 말았습니다. 참으로 아름다운 길이 있어도 못 본 척했습니다. 그지없이 훌륭한 길이 있어도 나 몰라라 했습니다. 서로서로 돕고 도움받을 길이 있어도 돈에 따라서, 이름값에 따라서, 무리힘에 따라서 이리저리 흩어지고 쪼개지고 갈라지며 제 배속을 채우려고만 했습니다. 바보짓을 해 온 우리라고 할까요. 바보짓을 하면서 바보말을 하고 바보글을 쓰며 바보놀음에서 헤어나지 못한다고 할까요. 바보니까 바보얼과 바보넋으로 살아갑니다. 바보삶입니다.

양식糧食/식량食糧 → 곡식穀食 → 먹을거리, 먹는밥, 밥

식수食水/음료수飮料水 → 먹는물, 마실물, 마실거리

멍멍 개야 짖지 마라/꼬꼬 닭아 우지 마라/우리 아기 잘도 잔다/
자장 자장 우리 아기/엄마 품에 폭 안겨서/칭얼칭얼 잠 노래를/
그쳤다가 또 하면서/쌔근쌔근 잘도 잔다 (예산 지방)

이 노래의 앞의 넉 줄은 엄마의 생각이고 뒤의 넉 줄은 아기의
모습이다. 아기가 엄마 품에 안겨서 잠노래(자장가)를 부르면서
잠을 자는 것 같으니 얼른 생각하기에는 우습다. 그러나 그 잠노
래는 칭얼칭얼이다. 억지를 부려 심하게 보채는 소리. 그 소리를
잠노래라고 한 것이다. 칭얼거리다가 잠든 듯이 그쳤다가 또 칭
얼거리다가 잠이 들었다는 뜻이 된다.

「한국 전래동요를 찾아서」, 어효선, 교학사 1976. 13-14쪽

　　아이를 재울 때 부르는 노래를 가리켜 "자장가(-歌)"라고 합
니다. 우리는 아기 적부터 이 노래를 들었고, 학교에서도 이러
한 노래를 배웁니다.

　　자장가(-歌) → 자장노래, 잠노래

　　잠노래를 들으며 소록소록 잠드는 나이를 지나면 "어린이노
래"를 부릅니다. 아이들이 부르는 "아이노래" 또는 "어린이노

래"를 가리켜, 우리 어른들은 "동요童謠"라고 합니다. 곰곰이 헤아려 보니, 지난날부터 우리네 양반들은 "권주가勸酒歌"를 불렀습니다. 어느 양반도 "술노래"를 부르지 않았습니다. 오늘날에도 마찬가지입니다. 군대에서는 "군대노래"가 아닌 "군가軍歌"를 부릅니다. 나라를 사랑하는 마음으로 부르는 노래는 "나라사랑노래"가 아닌 "애국가愛國歌"입니다. 대중들이 부르는 노래는 "대중노래"가 아닌 "대중가요(-歌謠)"입니다. 민중들이 부르는 노래 또한 "민중노래"가 아닌 "민중가요(-歌謠)"라고 합니다.

지난 세월, 우리가 빼앗긴 노래를 찾는다면서 뜻을 모았던 사람들이 "노래를 찾는 사람들"이라는 노래패를 만든 적 있습니다. 이분들 마음과 뜻과 생각처럼, 우리는 "노래"를 찾아야 합니다. 우리가 빼앗긴 노래, 또는 우리 스스로 버린 노래, 또는 우리가 놓친 노래, 또는 우리 스스로 내팽개친 노래를 찾아야 합니다.

동요童謠 → 아이노래, 어린이노래

권주가勸酒歌 → 술노래

군가軍歌 → 군대노래

애국가愛國歌 → 나라사랑노래

전철을 타고 여기저기 다니면서 책을 읽기도 하지만, 눈이
아프면 책에서 눈을 떼고 두리번두리번 둘러보곤 합니다. 이
때, 전철칸에서는 눈을 쉴 만한 자리가 없습니다. 눈높이에 꼭
알맞춤하게 광고판이 붙어 있습니다. 어쩔 수 없이라도 광고판
을 보든지, 선 채로 눈을 감든지 해야 합니다.

이날은 "눈을 고쳐 주는 병원"에서 붙인 "근시노안치료센타"
광고판을 봅니다. 문득, "근시近視"가 어떤 눈이고, "원시遠視"
는 또 어떤 눈을 이야기하는지 헷갈립니다. 글쎄, 낱말책을 찾
아보면 금세 알 터이나, "근시"가 "가까운 곳만 보는 눈"인지
요, 아니면 "가까운 곳을 못 보는 눈"인지요?

근시(近視): 가까운 데 있는 것은 잘 보아도 먼 데 있는 것은 선명하게 보지 못하는
시력

원시(遠視). (1) 멀리 바라봄 (2)＝원시안

원시안(遠視眼): 시력이 약하여 가까이 있는 물체를 잘 볼 수 없는 눈

어릴 적에도 지금에도, "근시"와 "원시"라는 두 낱말은 늘 헷
갈립니다. 몇 번 이야기를 들어도 곧잘 까먹습니다. 다른 사람
들은 어떨까요. "근시"와 "원시"라는 말을 하면서 헷갈리지 않

는 분은 얼마나 될는지요.

바투보기/멀리보기

졸보기/돋보기

글자수는 적고 길이는 짧아도 알아듣기 어려운 말이 있습니다. 글자수는 한두 글자 많아도 손쉽게 알아듣는 말이 있습니다. 우리는 어느 쪽 말을 즐겨야 좋을까요. 어느 쪽 낱말이 한결 나을까요.

"근시"와 "노안"을 고쳐 준다고 하는 곳 광고를 떠올립니다. 이 병원은 "노안"도 고쳐 준다고 하는데, "노안"이란 무엇일까요. 한자 "늙을 老+눈 眼"인가요? 그러면, 우리는 "늙다+눈"으로 낱말을 지어서 "늙은눈"으로 적어 볼 수 있을까요?

젊은눈, 밝은눈 / 늙은눈, 어두운눈

힘이 있고 튼튼하며 잘 보이는 눈이라 할 때에는 "젊은눈"이나 "밝은눈"이라고 이름 붙이면 어떨까 생각해 봅니다. 힘이 떨어지고 나쁘게 되어 잘 안 보이는 눈이라 할 때에는 "늙은눈"이나 "어두운눈"이라고 이름 붙이면 어떠할까요.

그리고, 우리 눈을 다스려 주는 곳을 가리키는 이름으로는

"눈병원"이라고 이름을 붙여 봅니다. 아이들이 가서 다스림을 받는 곳은 "소아과小兒科"라는 이름 말고 "어린이 병원"이나 "아기 병원"이라는 이름을 붙여 봅니다.

가만히 돌아보면, 우리는 쉽게 해도 될 말을 참으로 어렵게 씁니다. 예부터 많이 남아 있던 계급문화와 글자권력 뒤탈이 아직까지 고스란히 남아 있기 때문일까요. 단출하게 쓰거나 손쉽게 쓰면 서로서로 더없이 반가울 터인데, 우리는 어이 하여 손쉬운 말에 자꾸 어려운 껍데기를 들씌우고 있는가요. 있는 그대로 말하면 넉넉한데, 왜 자꾸 빙빙 돌리거나 비비 꼬나요.

뭐, 오랜 세월에 걸쳐 몸에 배고 만 말버릇을 하루아침에 고치라고 하기 어렵습니다. 다만, 아무리 오랫동안 길든 말버릇이라고 하더라도, 우리 스스로를 생각하고 우리 아이들을 생각한다면, 얄궂은 버릇은 털어 내고 싱그럽고 해맑은 새 버릇을 들이도록 마음을 쏟아야 아름답게 우리 삶을 가꿀 수 있지 않느냐 싶습니다.

노안老眼 → 늙은눈, 어두운눈

안과眼科 병원 → 눈병원

소아과小兒科 → 어린이병원, 아이병원

둘째로, 본래말의 의미의 폭보다 대안의 의미의 폭이 좁게 잡힌
경우에는 바로 본래말의 다의성을 띤 경우가 있고("에프론"을
각각 "앞치마", "물받이", "앞무대"로, "건견"을 각각 "마른고
치", "고치말리기"로 함), 한 대안의 뜻이 본래말의 뜻을 완전히
포괄하지 못하는 경우가 있다("경사"를 각각 "비탈", "물매"로,
"희소식"을 각각 "기쁜 소식", "즐거운 소식", "좋은 소식", "반
가운 소식"으로 함).

「북한의 어학혁명」, 백의, 1989, 209쪽

　북녘에서 "새말 만들기"를 하면서 세운 잣대 가운데 하나는,
어느 한 낱말을 다른 한 낱말로만 쓰게끔 못박지 않는 데에 있
습니다. 때에 따라서, 곳에 따라서, 흐름에 따라서 다 다르게
쓸 수 있는 길을 터놓습니다.
　조금만 생각해 보면, 이렇게 세우는 잣대가 마땅합니다. "전
혀(죤-)" 같은 낱말은 "조금도"나 "아주"로 걸러 내야 할 때가
있는 가운데, "아무것도"나 "도무지"로 걸러 내야 할 때가 있습
니다. "하나도"나 "그예"로 걸러 내면 알맞을 때도 있고요.

　낱말책에서 "희소식"을 찾아보면 "기쁜 소식"이라고 풀이를

달아 놓습니다. 그러나 "기쁜소식"은 한 낱말이 되지 못합니다. 군이 한 낱말로 삼지 않아도 됩니다만, "–소식"을 뒷가지로 삼아서 "기쁜소식-즐거운소식-좋은소식-반가운소식"처럼 새말을 빚어낼 수 있습니다. "기쁜–"을 앞가지로 삼아서 "기쁜소식-기쁜얼굴-기쁜빛-기쁜뜻-기쁜말-기쁜사람-기쁜일"같이 새말을 빚어내어도 되고요.

> 어쩌면 오늘은 기쁜 소식이 올지도 모른다고 괜히 가슴을 설레며 하루 해를 보낸 적도 많았다. 어쩌다 뒷산 아카시아숲…

「작은 어릿광대의 꿈」, 손춘익, 창작과비평사 1981, 40쪽

우리는 "기쁜소식"을 말하면서 살아갑니다. 말에서도, 글에서도 "기쁜소식"은 어렵잖이 찾아볼 수 있습니다. 그러나, 이러한 낱말, 또는 관용구는 "사전을 엮을 때 하는 말모이" 자료에 들어가지 못합니다. "희소식"은 처음부터 한 낱말로 삼았으니 보기글 자료를 모으기 쉽지만, "기쁜 소식"처럼 띄어서 쓰니까 보기글 자료를 모으기 어려운 가운데, 모을 생각을 아예 못합니다.

올림픽에서 금메달을 땄을 때, 방송이나 신문에서 이와 같은 소식을 알리는 사람들은 으레 "낭보朗報"라는 말을 씁니다. "낭보"란 무엇이냐? 바로 "기쁜 소식"을 한자로 옮긴 말입니

다. "희소식"은 앞글 "희喜"가 "기쁘다"를 뜻하고 "낭보朗報"는
아예 한문입니다.

희喜소식/낭보朗報 → 기쁜소식

기쁜소식/반가운소식/좋은소식/…

기쁜생각/기쁜일/기쁜사람/기쁜마음/…

헌책방에서 책을 봅니다. 겉은 비록 헐거나 때가 탄 책이라 해도, 알맹이까지 헐거나 때가 타지는 않습니다. 오히려 겉이 조금 헐하거나 때가 탔다고 하여 값을 싸게 쳐 주니, 똑같은 알맹이를 한결 눅은 값에 읽을 수 있어서 고맙습니다.

도서관 나들이를 해 보면, 도서관 책이 헌책방 책보다 지저분할 때가 잦은데, 헌책방 책도 사람손을 거치는 책이지만, 으레 "한 사람 손"만 거치기 일쑤이고, 도서관 책은 "수많은 사람 손"을 거치기 때문인지, 낡고 지저분하다는 잣대로 보자면, 헌책방 책은 무척 "깨끗한 책"이라고 해도 틀리지 않다고 느낍니다. 더욱이, 책을 깨끗이 간수하며 보신 분들이 내놓은 헌책은 "헌"이라는 말이 어울리지 않을 만큼 반들반들합니다. 출판사 헛간에 잔뜩 쌓여 있다가 풀린 책이라든지, 문 닫은 헛간에 쌓여 있다가 흘러나온 책들은 한 번도 펼쳐지지 않은 책이니 무척 깨끗합니다. 또한, 언론사에 들어갔던 보도자료, 또 글쓴이가 누군가한테 선물해 준 책은 더할 나위 없이 반짝반짝 빛납니다. 자그마치 스무 해나 서른 해 앞서 나온 책인데도, 엊그제 나온 책처럼 느껴지기도 합니다.

명지대 앞에 있던 헌책방에도 가 보다가, 용산에 있는 헌책방에도 가 보다가, 인천이나 제주에 있는 헌책방과 춘천이나 원주에 있는 헌책방에도 가 보다가 이러한 헌책방마다 으레 꽂혀 있는 소설책을 더듬더듬 살피다가, "김이연사랑소설"이라는 머리글에 눈이 박힙니다.

"음? 뭐지?" 하고 속생각을 하다가는 뭔가 다르다는 느낌을 받습니다. 그래, 그렇구나. 그런데 뭐가 다르지? 책시렁을 두루 살피던 눈길을 잠깐 거두고 "김이연사랑소설"이라는 말을 다시 읊어 봅니다. 사랑소설, 사랑소설, 사랑소설…….

TV영화를 보았다. 어네스트 헤밍웨이 작 〈누구를 위하여 종은 울리나〉. 사람의 심리가 이상하다. 애정소설이나 영화를 보면 잔잔한 마음에 파문이 일어난다. 나도 저런 사랑을 해 봤으면 하는 생각도 든다. 될 수 있으면 애정소설 같은 것은 보지 말아야겠다.

「비바람속에 피어난 꽃」, 노동자 글모음, 청년사 1980, 203쪽

아, 그렇네요. 흔히들 "연애戀愛소설"이라고 말하지 "사랑소설"이라고는 말하지 않습니다. 또한 "애정愛情소설"이라고도 하고, "로맨스romance소설"이라고까지 합니다만, "사랑소설"이나 "사랑이야기"라고 말하는 적은 거의 없습니다.

문학평론을 하는 분들이 소설 갈래를 나눌 때 "사랑소설" 같은 말을 쓸 수 있을까 하고 생각해 봅니다. 소설을 쓰는 분들이

스스로 "나는 사랑소설을 한 번 써 보았어요" 하고 말할 수 있을는지 곱씹어 봅니다. 사랑이야기를 다룬 소설을 펴내는 출판사에서 "사랑소설"을 펴냈다고 밝힐 수 있을까, 고개를 갸우뚱갸우뚱해 봅니다.

연애소설/애정소설/로맨스소설 → 사랑소설/사랑이야기

대학교 학벌을 말하는 자리에서 으레 "스카이sky"를 이야기합니다. 그 이야기를 들을 때마다 이런 생각을 해 봤습니다. 대학교 이름 머리글자를 영어 글자로 한 "s", "k", "y"를 모은 "sky"라 하지 말고, 한글 닿소리 "ㅅ", "ㄱ", "ㅇ"을 따서 "서고연"으로 해볼 수 있지 않겠느냐고 말입니다.

"그러던 내가 고1이 되면서부터 현실적인 문제와 씨름하게 되었어요. 문제는 '대학'이라는 것에서 발단되었지요. ㅅ대학, ㄱ대학, ㅇ대학 아니면 안 보내겠다고 주장하시는 부모님과 거기에 가기에는 너무 미흡한 내 성적 사이에서 야기되는 갈등"

「홀로 앓는 풀잎들의 이야기」(남녘, 1989)라는 책에 실린 어느 고등학생 편지를 읽다가 "ㅅ대학, ㄱ대학, ㅇ대학"이라는 말을 봅니다. 옳거니, 그렇구나, 영어로 말하고 글쓰는 사람들한테는 자연스럽게 "sky"가 되겠지만, 한글로 글을 쓰는 한국 사람들한테는 "ㅅㄱㅇ"이 되겠다고 말입니다.

SKY → ㅅㄱㅇ, 서고연

SKKU → ㅅㄱㄱㄷ

경희대학교는 "ㄱ대학"입니다. 단국대학교는 "ㄷ대학"입니다. 인하대학교는 "ㅇ대학"입니다. 제주대학교는 "ㅈ대학"입니다. 호서대학교는 "ㅎ대학"입니다. 경북대학교는 "ㄱ대학"입니다.

성균관대학교에서 만든 옷이나 가방을 보면 "skku"라고 새깁니다. 한글로 "ㅅㄱㄱㄷ"이라고 새긴 모습은 본 일이 없습니다. 다른 대학교에서도, 학교이름을 새긴 옷이나 가방을 만들면서, 또 학교무늬를 찍으면서, 또 기념품 들을 만들면서 오로지 영어 머리글자만을 따고 있습니다.

한글 머리글자를 따서 쓰기보다는 영어 머리글자를 따서 쓸 때가 한결 멋들어지고 더 "있어" 보인다고 느끼기 때문이라고 봅니다. 여태껏 한글 머리글자를 따서 써야 한다는 생각을 해 보지 않았기 때문이라고 봅니다. 제 이름을 적는 자리에서도 영문 머리글자로 "C.J.G."라고 적지, 한글로 "ㅊ.ㅈ.ㄱ."처럼 적는 일이란 몹시 드뭅니다.

문학을 하는 분도, 사진을 하는 분도, 그림을 하는 분도, 노래를 하는 분도, 한결같이 영어 사랑으로만 나아갑니다.

나라안에서 내로라한다는 대학교로 서울대 고려대 연세대, 이 세 군데만 있을까 궁금하지만, 아무튼 이런 이야기를 하고 싶은 분이라 한다면, 꼭 이 세 대학교 이름을 따서 밝혀야 하는 자리라 한다면, 어떤 말을 어떻게 지어서 써야 한결 나을까를 생각하면 좋겠습니다. 어느 이름이 한결 돋보이고 걸맞고 알뜰할까 하는 대목을 돌아보면 좋겠습니다.

모든 책에 달려 있지는 않지만, 학문을 다루는 책을 읽을 때
면, 으레 "각주"가 많이 달려 있습니다. "주석"이라고도 하는
데, 이 각주나 주석이 많이 달리면 읽기 어렵다고도 하고, 굳이
안 달아도 된다고도 말합니다.

각주(脚註): 논문 따위의 글을 쓸 때, 본문의 어떤 부분의 뜻을 보충하거
나 풀이한 글을 본문의 아래쪽에 따로 단 것. "각주를 달다"

주석(註釋): 낱말이나 문장의 뜻을 쉽게 풀이함. "주석을 붙이다"

보태는 말이라면 "보탬말"이고, 풀이하는 말이라면 "풀이말"
입니다. 덧붙이는 말이면 "덧붙임말"이고, 더하는 말이면 "덧
말"입니다. 그렇지만, 우리는 "보탬말"이든 "풀이말"이든 "덧
붙임말"이든 "덧말"이든 쓰지 않습니다. 그저 "각주"와 "주석"
만 씁니다.

「반뒤링론」(엥겔스 지음, 한철 옮김, 이론과실천 1989)을 읽
습니다. 엮은이가 적은 말부터 읽어 나갑니다. 엮은이는 일러
두기에서 "꽃표" 이야기를 합니다. 꽃표? 꽃표가 뭐지?

엮은이는 기호 "*" 한테 "꽃표"라는 이름을 붙여서 가리킵니
다. 이 기호 이름이 무엇인지 모르겠습니다만, 엮은이로서는

꽃으로 보여서 "꽃표"라고 하는구나 싶습니다.

어느 분한테는 이 기호가 별로 보여서, "별표"라고 이름을 붙일 수 있지 않을까 생각해 봅니다. 이리하여 어느 책에서는 "꽃표를 달아 놓습니다" 하고 말하고, 어느 책에서는 "별표를 찾아보셔요" 하고 말할 수 있습니다.

말이란 쓰기 나름입니다. 우리가 마음먹기에 따라서 얼마든지 새말을 싱그럽고 가멸차게 지어낼 수 있습니다. "붙임말"이라 짓든 "덧말"이라 짓든 "꽃표"라 짓든 "별표"라 짓든, 우리가 바라보고 느끼고 받아들이고 껴안기에 따라 달라집니다. 조금더 우리 말에도 마음을 쏟으면서 헤아려 본다면, 토박이말로도 넉넉하며 푸지게 말살림을 꾸릴 수 있습니다. 우리 말에 그다지 마음을 쏟고 싶지 않다면, 그냥저냥 되는 대로 아무렇게나 말하고 지나칠 수 있습니다.

각주/주석 → 보탬말, 덧붙임말, 덧말, 풀이말

굶주림의 정신이라고 하지요. 예를 들면 스포츠의 경우에도 굶
주림의 정신에서 힘이 나옵니다. 원래 생물이란 것이 그렇지 않
습니까? 살아가는 일에 성실히 승부를 거는 것과 배가 고프다는
것은 불가분의 관계입니다. 인간의 몸도 굶주린 상태에 대비할
수 있도록 되어 있습니다.

「지구를 부수지 않고 사는 방법」, 한 살림 1993, 16쪽

　책을 읽다가 피식 웃습니다. "굶주림의 정신"이라. 참 재미
난 말이구나. 우리가 언제부터 배불리 살았다고 벌써 힘알이
빠진 채 이리 비틀 저리 비틀인가.

　생각해 보면, 권투선수를 비롯한 운동선수들은 하나같이
"헝그리 정신"으로 싸웠다고 이야기합니다. 헝그리, 헝가리.
나라이름 "헝가리"와 비슷해서 말놀이를 하기도 하고.

　모르는 일이지만, 운동경기에 온삶을 바친 이들이 "원 투 스
트레이트"나 "플라이볼 그라운드볼"이라 하지 않고 "하나 둘
뻗고"나 "뜬공 튄공"이라 했다면, "헝그리 정신"이 아니라 "배
고픈 마음"이나 "굶주리던 마음"으로 땀을 흘리지 않았으랴 싶
습니다.

생각에 따라 마음가짐이 달라집니다. 마음가짐이 달라지면 하는 일이 달라집니다. 하는 일이 달라지면 나한테 돌아오는 열매나 보람이 달라집니다.

생각을 어떤 말로 담아내느냐에 따라서 말씨나 말투가 달라집니다. 말씨와 말투가 달라지는 흐름에 따라서 이웃한테 끼치는 흐름이 달라지며, 이 달라지는 흐름에 따라서 말 문화가 달라집니다.

헝그리 정신
→ 배고픈 마음, 굶주리던 마음, 굶던 생각, 배곯던 생각, 가난했던 생각…

원 투 스트레이트 잽 어퍼컷
→ 하나 둘 뻗고 가볍게 올려쳐

만화영화를 보고 집으로 가던 어느 날이었습니다. 농업박물관 옆을 스치듯 지나가는데 이곳 나들목에 걸어놓은 걸개글이 눈에 뜨입니다.

"2000 어린이 글 · 그림 잔치"

잠깐 걸음을 멈추고 생각해 봅니다. "글잔치"와 "그림잔치"라! 사람들은 으레 "백일장白日場"이나 "사생대회寫生大會"라는 말을 쓰지 않던가?

집으로 돌아와 낱말책을 넘겨 봅니다. 1958년에 나온 옛 사전에는 "옛날에 선비들이 치르던 시문짓기 시험"이라 나오고, 1999년에 나온 정부 사전에는 "글짓기 대회"를 가리킨다는 새 뜻이 붙습니다. 세월 따라 문화가 달라지거나 거듭나니, 낱말책 말풀이도 달라지거나 거듭납니다.

그러면, 2010년에 새로운 낱말책이 나온다고 하면 "글잔치"라는 낱말이 새로 실릴 수 있을까요? 2020년에 나올 새 낱말책에는 "그림잔치"라는 낱말도 실어 주려나요?

백일장 → 글잔치, 글마당

사생대회 → 그림잔치, 그림마당

　1947년에 1권이 나온 「조선말 큰사전」(한글학회)을 뒤적여 보면, "글짓기"도 "글쓰기"도 실리지 않습니다. 다만, "글지이"라는 낱말은 실려 있는데, "글을 짓는 사람"을 가리키는 옛말이라고 풀이를 달면서 "글군"과 같은 말이라고 적어 놓습니다. "글군"은 요즘 맞춤법으로 적으면 "글꾼"입니다. 글쓰는 일을 하며 살아가는 사람을 가리키는 말입니다.

　글쓰는 사람은 자기를 가리킬 때 으레 "문인"이나 "작가"라고 합니다만, 생각해 보면 "글지이"나 "글꾼", 또는 "글쟁이"라고 말해도 괜찮습니다.

문인文人, 작가作家 → 글지이, 글꾼, 글쟁이

　요즘 나오는 낱말책에는 "글짓기"도 실리고 "글쓰기"도 실립니다. 마흔 해 넘는 세월을 "글쓰기 운동"을 일구어 온 이오덕 선생님 보람이 조그맣게나마 빛을 보며 낱말책도 살며시 달라졌습니다. 그러면, 이처럼 조그맣게나마 달라지는 낱말책이 앞으로는 조금 더 달라질 수 있다면, 이리하여 "글잔치"도 싣고 "그림잔치"도 싣고, 또 "사진잔치"도 싣고, "글꾼"도 실으며 "글쟁이"가 "글꾼을 낮잡는 말"이라고만 다루지 말고, 어엿한

일감 가운데 하나로 받아들여 준다면 어떠할까 싶습니다.

가꾸는 사람이 마음을 얼마나 기울이느냐에 따라서, 꽃밭은 한결 함초롬하게 나아지거나 엉망진창 뒤죽박죽이 되어 버립니다. 가꾸는 사람이 마음을 어느 만큼 쏟아 주느냐에 따라서 우리 말과 글 또한 한결 아름다이 빛나며 넉넉해질 수 있는 한편, 쓰레기범벅 빈 수레가 되어 버릴 수 있습니다.

와아! 5백만 원. 천 원짜리 현찰을 바꾸면 물경 5000장. 손재주
없는 사람은 몇 번씩 쉬어가며 세어야 하는 숫자고, 버스 <u>쇠표</u>를
사면 자그만치 10만 개를 살 수 있는 거액…

「길 비켜라 내가 간다」, 강철수, 은성문화사 1979, 104쪽

   헌책방에서 산 강철수 님 만화를 봅니다. 낱책으로 나온 지
서른 해나 된 만화입니다. 일천구백칠십년대 가운데 무렵에 주
간지에 이어실었던 만화가 아닐까 싶습니다.
   이 만화를 보면 그림보다는 이야기가 크게 자리를 차지합니
다. 그림이 곁달린 소설이라고 할까요. 강철수 님 만화 빛깔이
라 할 수 있고, 지난날 우리 만화 빛깔이라 할 수 있습니다.
   만화에 나오는 이가 뜻하지 않은 반가운 일을 만나, 앉은자
리에서 오백만 원을 법니다. 그러면서 이 오백만 원으로 무엇
을 할 수 있는지 중얼중얼합니다. 이 중얼거림 마지막에 "버스
쇠표 10만 개" 살 수 있다는 말을 합니다. 오백만 원에 십만 개
라면, "버스 쇠표"가 하나에 오십 원이었나 봅니다.
   그건 그렇고. 다른 대목보다 "버스 쇠표"라는 말에 멈칫합니
다. 음? "버스 쇠표"라니? 무슨 말이지? 한글학회에서 펴낸
「우리 말 큰 사전」(1997)을 뒤적입니다. 없습니다. 정부에서

펴낸 「표준 국어 대사전」(1999)을 뒤적입니다. 여기에도 없습니다.

토큰(token): 버스 요금을 낼 때 돈을 대신하여 내는 동전 모양의 주조물. '버스표', '승차표'로 순화.

쇠표: 쇠로 만든 표. 버스를 타거나 어디 들어가는 삯으로 치르는 표.

버스를 탈 때에는 버스표를 냅니다. 이 표는 흔히 종이로 되어 있으며, 그냥 "버스표"라고 가리킵니다. 따로 "종이표"라고 하지 않습니다. 다만, 쇠로 된 표를 살 때에는 모두들 "토큰"이라고 말합니다.

그런데 만화쟁이 강철수 님이 살았던 그때에는, 또 "버스를 탈 때 내는 쇠로 된 표"가 처음 나왔을 무렵에는, "토큰"이 아닌 "쇠표"라고 말했을까요? 그러다가 "쇠표"라는 말이 자취를 감추고 "토큰"이 불쑥 일어섰을까요? 아니면, 처음에는 "토큰"을 썼으나, 알뜰하게 토박이말로 걸러 내자는 움직임이 있어서 "쇠표"라는 말이 나왔을까요? 아니면, 강철수 님이 만화를 그리면서 슬그머니 지어낸 말일까요?

어느 쪽인지 알 길은 없습니다. 어느 쪽이었다고 해도 "쇠표"든 "토큰"이든, 이제는 사라지고 없습니다. "쇠표"라고 말해도 알아들을 사람이 아주 드물 터이나, "토큰"이라고 말해도

처음이라고 여기는 사람이 제법 많으리라 봅니다. 앞으로는
"토큰"을 아는 사람조차 거의 없을 테고요.

　인천에서만 살다가 서울로 나와서 시내를 돌아다니게 된 때
는 1994년. 이때부터 서울 시내에 있는 헌책방도 한 곳 두 곳
찾아가 보았고, 웬만한 동네마다, 또 강웃마을 오래된 골목길
안쪽마다 헌책방이 깃든 모습을 보면서, 서울은 참 책이 많은
곳이라고 느끼며 부러웠습니다.
　그렇게 헌책방도 다니고 수많은 사람들을 만나고, 서울 시내
버스도 처음으로 타고 돌아다녀 보면서, 낯선 거리 낯선 가게
낯선 사람을 부대끼던 어느 날, 청파동 숙명여대역 둘레를 지
나다가, 그때까지 보지 못한 가게이름 하나 만납니다.

빵굽터

　인천에도 빵집이 있지만, 인천에서 늘 보아 오던 빵집은 독
일제과, 뉴욕제과, 파리제과 따위였지, 토박이말로 "빵집"을
쓰는 곳도, 또 "빵굽터"처럼 살뜰히 빚어낸 이름으로 된 곳도
없었습니다.

빵+굽다+터=빵을 굽는 터=빵굽터

처음에는 청파동에만 있는 빵집인 줄 알았는데, 나중에 알고 보니 "빵굼터"라는 이름을 똑같이 내걸고 있는 숱한 빵집 가운데 하나였습니다. 그렇게 한 해 두 해 다섯 해 여섯 해, 열 해 주욱 서울 나들이를 하면서, "빵굼터" 비슷하게 짓는 빵집 이름도 만납니다.

빵 굽는 마을
빵굽는 작은 마을
오늘도 빵굽네
빵이 있는 …
…

곰곰이 돌아보니, "빵굼터"라는 가게이름을 보던 무렵, 다른 가게들은 "크라운 베이커리"니 "파리 크라상"이니 하고 이름을 바꾸던 때였고, 그 뒤로 오늘날까지 "뚜레쥬르"니 "파리바게트"니 하는 이름으로 또 바뀝니다.

빵집 임자가 제 이름을 내걸고 빵집을 꾸려 나가도, "아무개 빵집"으로 이름을 붙이는 일은 거의 찾아볼 길이 없고, "아무개 베이커리"라는 이름만 손쉽게 찾아봅니다.

빵이라는 먹을거리는 우리 손으로 빚어내지 않았기 때문일까요. 나라밖에서 들어온 먹을거리 문화이기 때문인가요. 이제는(또 예전에도) "세계화 시대"라고 하면서, 나라와 나라 사이에 금이 없다고 하면서, 나라밖에서 들여오는 물건을 굳이 서양 이름으로 써야 할 까닭이 있을까 모르겠습니다.

프랑스에서 빵을 배웠으니 프랑스말로 빵집 이름을 붙이고, 빵집에서 선보이는 빵들한테도 프랑스 이름을 붙여야 하나요. 독일에서 빵을 익혔으니 독일말로 빵집 이름을 붙이고, 빵집에서 내놓는 빵한테 붙이는 이름도 독일말이어야 하나요.

그러고 보면, 일본에서 들여오는 "라면 문화"는 온통 일본말로 되어 있습니다. 라면집 짜임새도 꾸밈새도 일본 느낌이 나도록 합니다. 여러 가지 라면 이름도 일본말로 되어 있고, 아예 일본글로 적어 놓기까지 하며, 가게 간판도 일본글이 큼직하게 적혀 있곤 합니다.

어쩌면, 우리 먹을거리가 나라밖으로 팔려 나간다고 할 때에도, 그 나라밖 사람들은 한글을 큼직하게 써 놓으면서 "한국에서 온 먹을거리"라고 내세울 수 있겠군요. 우리가 하듯 그렇게.

그렇지만, 빵 문화는 나라밖 문화라고 하기에는 우리 삶터 깊숙한 데까지 들어와 있지 않나 싶습니다. "빵"을 바깥말이라고 느끼는 사람이 있을까 궁금합니다. 빵집은 "빵집"이고, 빵가게는 "빵가게"가 아닐까 싶습니다. 우리 나름대로, 우리한테 걸맞도록, 우리 슬기로 새로 꽃피우거나 가다듬는 빵 문화로 거듭나야 하지 않나 생각해 봅니다.

그리고 아이를 발견한 날이 출생 날짜로 되어 있었다.

「엄마가 사랑해」, 도리스 클링엔베르그(유혜자 옮김), 숲속여우비 2009, 75쪽

　"아이를 발견發見한 날이"는 "아이를 찾은 날이"나 "아이를 거두어들인 날이"로 다듬습니다. 어버이가 버려서 길에서 떠돌고 있던 아이를 "처음 본" 날을 가리키는 보기글이니, "아이를 처음 본 날이"로 다듬어 볼 수 있습니다.

　낱말책에서 "출생"이라는 낱말을 찾아봅니다. 말풀이는 "세상에 나옴"으로 되어 있고, "태어남"으로 고쳐쓰도록 되어 있습니다. 그렇습니다. 한자말 "출생"을 우리가 따로 쓸 까닭이란 없습니다. 말 그대로, 아니 말뜻 그대로 "태어남"으로 쓰면 넉넉합니다. 그렇지만 우리는 말 그대로 쓰거나 말뜻 그대로 쓰지 않습니다. 아이가 태어나서 동사무소로 가서 서류를 하나 쓰려고 하면 "태어남 알림"이 아닌 "출생 신고"를 하도록 되어 있습니다. 한자말 "출생"은 바람직하지 못해서 "태어남"으로 고쳐써야 한다는 말풀이를 정부 스스로 하면서, 정작 정부 스스로 "출생 신고"라는 말마디를 바로잡거나 손질하거나 고치려는 모습을 보여주지 않습니다.

그러면 "태어남 신고"나 "태어남 알림" 같은 말은 정부 서류에서는 쓸 수 없을까요? 이런 말마디를 쓰면 서류를 간수하기 어려울까요? 정부에서 나라를 다스리려면 "태어남" 같은 말로는 어렵거나 힘이 들까요?

우리 식구는 지난 2008년에 아이를 낳았습니다. 아이가 태어났기에 아이가 세상에 나왔음을 알리려고 동사무소에 가서 서류를 적었습니다. 서류는 2008년에 새로 꾸몄다고 하는데, 2008년에 새로 꾸리면서도 "출생"이라는 말마디를 털어내지 않습니다. 어쩔 수 없이 서식 이름으로는 "출생신고서"라 할지라도, "출생자"나 "출생일시"나 "출생장소"는 얼마든지 고쳐놓을 수 있을 텐데, 어느 한 군데도 고치지 않았습니다. 국립국어원에서는 고쳐쓰라고 두툼한 「국어순화자료집」까지 펴내지만, 막상 어느 정부 기관에서도 손끝 하나 움직이지 않습니다. 마음 한 번 살가이 쏟지 않습니다.

그런데, 이 "출생신고서"를 보면 "출생"이라는 낱말에서만 골치가 아프지 않습니다. 다른 이야기를 적는 자리에서도 골치가 아픕니다. "이름"을 쓰라는 자리는 없이 "성명姓名"만 적도록 되어 있습니다. "아버지(아빠)"와 "어머니(엄마)"는 없이 "부父"와 "모母"만 찾도록 되어 있습니다. "집"이라는 낱말은 없고 "자택自宅"만 있으며, "혼인신고시 자녀의 성·본을 모의 성·본으로 하는 협의서를 제출하였습니까"처럼 적어 놓을 뿐입니다. "혼인신고할 때 아이 성·본을 어머니 성·본으로 하는 협의서를 냈습니까"처럼 적는 일이란 없습니다.

그리고, 이보다 훨씬 골을 때린다 할 만한 말투가 출생신고
서 서류에 나와 있습니다.

아기를 받는 병원부터 "아기"라는 말을 잘 안 씁니다. 우리
말은 어엿하게 "아기"임에도 하나같이 "신생아新生兒"라고 말
합니다. "아기"이든 "갓난아기"이든 이야기하지 않습니다. 집
식구나 이웃이나 동무는 모두 "아기"요 "갓난아기"라 말하지
만, 병원 의사와 간호사를 비롯해서 공무원은 한결같이 "신생
아"만을 이야기합니다. 이리하여, 출생신고서에는 "신생아 체
중"을 적도록 되어 있고, "갓난아기 무게"나 "아기 무게"를 적
도록 되어 있지 않습니다.

무엇보다도 "출생자의 부에 관한 사항"이란 무슨 소리인지
궁금합니다. 왜 우리는 아기 엄마와 아빠를 엄마나 아빠라고,
또 어머니와 아버지라고 말하지 못하게 할까요. 이렇게 마련한
서류가 참으로 우리한테 도움이 되는 서류인지 아닌지 모르겠
습니다. 공무원으로 일할 때에는 아버지와 어머니가 없어도 되
고, 오로지 부와 모라고만 해야 서로 말귀를 알아듣는 셈인지
모를 노릇입니다.

지난 2008년 8월 17일, 동사무소에서 서류를 쓰면서 한참
쓸쓸하게 웃었습니다. 인터넷으로 미리 들여다보기는 했지만

동사무소에 찾아가서 서류를 쓰는 내내 이런 서류를 아무렇지도 않게 쓰도록 하고, 공무원 스스로 이러한 서식에 적힌 말투를 한 군데라도 쉽고 단출하고 알맞고 올바르게 바로잡을 생각을 하지 않기 때문입니다. 그리고 "국가인구정책에 쓰는 자료"라 하면서 "최종졸업학교"를 반드시 적도록 해 놓고 있습니다.

적든 안 적든 아기 엄마와 아빠 마음일 테고, 이러한 자료(어버이가 어떤 학교를 나왔는지)를 어떻게 쓰려는지 알 길이 없습니다. 그러나저러나, 우리는 왜 아기 엄마 아빠 가방끈을 알아야 하고, 알려 하며, 따져야 할까 모르겠습니다. 무언가 물어보려 한다면, 아이한테 아픈 데가 없는지라든지 아이를 낳은 어버이가 도움을 받을 일이 무엇인지를 물어 보아야 할 일이 아닌가 싶었습니다. 더욱이, "최종졸업학교" 자리를 거짓으로 적는다 했을 때 알아차릴 길이 없습니다. 이런 자료를 통계로 모으려 한다면 얼마든지 다른 데에서 잘 찾을 수 있다고 느낍니다. 출생신고서에 이런 항목을 적을 까닭이란 없는 가운데, 출생신고서를 누구한테나 좀더 쉽고 바르고 알맞게 가다듬어야 하지 않느냐 생각합니다.

출생신고서를 다 쓰고 나서, 아기를 보듬으며 누워 있던 옆지기한테 돌아가서 출생신고서를 보여주었습니다. 동사무소에서 한 장을 따로 가져와서 이렇게 적도록 되어 있다고 이야기했습니다. 옆지기가 물끄러미 살펴보더니, 도무지 무얼 적으라고 하는지 모르겠다고 했습니다. 옆에서 차근차근 풀이해 주었습니다. "단태아"니 "쌍태아"니 "삼태아"니 "다태아"니를 비롯해, "모의 총출산아 수"처럼 알아차리기 힘든 말을 낱낱이 풀어내어 읽어 주면서, 이런 말마디가 왜 적혀 있는지 아리송했습니다. 누가 이렇게 서류를 처음 만들었는지 아리송했고, 이런 서류를 여태까지 어느 누구도 손질하거나 고쳐 놓지 않은 까닭 또한 궁금하며 아리송했습니다.

2009년이 되어도 달라질 낌새가 없고, 2010년이 아니라 2020년까지도 이런 출생신고서 서류가 고스란히 이어질 우리나라인가 하고 헤아리면서 까마득하다는 느낌이 짙습니다. 우리는 우리한테 새롭게 찾아온 고운 목숨을 기쁨과 웃음과 눈물로 부둥켜안으면서 함께 좋아할 수 없는가 싶어 슬픕니다. 말이든 생각이든 삶이든, 서류이든 공무원이든 병원이든, 아기 엄마이든 아기 아빠이든 지식인이든, 우리는 "갓난아기" 앞에서, 또 하루하루 무럭무럭 자라날 "아이" 앞에서, 어떠한 말을 쓰고 어떠한 글을 쓰면서 살아야 할까요. 우리는 우리 아이들을 어떠한 말과 글로 세상을 보여주면서 살아야 할까요.

출생자의 부에 관한 사항 → 아기 아버지가 적을 것
출생자의 모에 관한 사항 → 아기 어머니가 적을 것

모의 총출산아 수 → 어머니가 낳은 아이 숫자

이 아이까지 총 ○○명 출산 → 이 아이까지 모두 ○○ 낳음

○○명 생존, ○○명 사망 → ○○ 살아 있고, ○○ 죽음

살려쓰니 아름다운 우리 말

책에 쓴 말

살려쓰니 아름다운 우리 말

가사家事 → 집안살림
가수 → 노래꾼
가스세 → 가스값
가정家政 → 집살림
가정집 → 살림집
가축 → 집짐승
간행하다 → 펴내다
간혹 → 드문드문, 어쩌다
거목 → 큰나무, 큰어른, 큰사람
거성 → 큰별, 큰사람, 큰어른
건乾고사리 → 고사리말림, 말린고사리
검색 → 찾기
고건축古建築 → 옛집
고목 → 늙은나무
고서 → 옛책
고서古書 → 헌책
고인故人 → 죽은 사람, 저 세상 사람
골 세레모니 → 골 뒤풀이
공대 → 높임말
공동체 → 한식구 삶, 함께살기
구정 → 설
국내 → 나라안
국어사전 → 낱말책
국외 → 나라밖
군가(-歌) → 군대노래
권주가(-歌) → 술노래
규모 → 크기
근로자의 날 → 노동자날
급사하다 → 갑자기 죽다

기차 요금 → 기차삯
기피옥수수 → 껍질 벗긴 옥수수
낭보, 희소식 → 기쁜소식
노숙자 → 한뎃잠이
노안 → 늙은눈
노점상 → 길장사
농번기 → 일철, 바쁜철
농한기 → 겨를철, 쉬는철, 놀이철
당시 → 그때
대량大量 → 큰무게(큰부피)
대부분 → 거의 모두
대사大事 → 큰일
데크 → 창문마루, 문간마루
도덕道德 → 바른길, 착한삶
독서 → 책읽기
독후감 → 느낌글
동사하다 → 얼어서 죽다
동전 → 쇠돈
드라이브 → 차나들이
등等 → 들
루주rouge → 입술연지
립스틱lipstick → 입술연지
매표소 → 표끊는곳/표사는곳
명함 → 이름쪽
모유 → 어머니젖, 엄마젖
모유 → 어미젖, 엄마젖
목발 → 나무발, 나무다리
목욕 → 몸씻이, 몸닦기
문인, 작가 → 글지이, 글꾼, 글쟁이

물세 → 물값

미국인 → 미국사람

미래 → 앞날

미술 → 그림, 그림그리기

발아현미 → 싹틔운현미, 싹틔운누런쌀,
　　　　　　싹누런쌀

발행인 → 펴낸이

백미 → 흰쌀

백반白飯 → 흰밥

백발白髮 → 흰머리

백설탕 → 흰설탕, 하얀설탕

백일장 → 글잔치, 글마당

버스 요금 → 버스값/버스삯

벨 → 딸랑이, 따르릉이

병사하다 → 병들어 죽다, 몸 아파 죽다

본인 → 나, 저

부유하다 → 가멸다, 가멸차다

부자 → 가면이

부착금지 → 붙이지 마셔요

북페스티벌 → 책잔치

분유 → 가루 우유

불가사의 → 수수께끼

비엔날레biennale → 해거리잔치

비행기 요금 → 비행기삯

빈자 → 가난이, 쪼들림이

사색 → 깊은생각

사생대회 → 그림잔치, 그림마당

사업장 → 일터

삼국지 → 세 나라 이야기

삼림욕 → 숲씻이

삼三겹살 → 세겹살

상선 → 장사배

생명(체) → 목숨붙이

생선 → 물고기

생수生水 → 먹는샘물

선박 → 배

소량少量 → 작은무게(적은부피)

소사小事 → 작은일

소아과 → 어린이 병원, 아기 병원

속속續續 → 잇달아

수면제 → 잠약

수산시장 → 물고기저자

시장市場 → 저자

시절 → 때, 날씨, 철, 세상(흐름)

식량 → 먹을거리

식량 → 먹을거리, 먹거리

식수 → 마실물, 먹는물

신정 → 새해 첫날

싱어송라이터 → 노래를 짓고 부르는 사람 (노짓사)

안과 → 눈병원

안식 → 쉼

안식처 → 쉼터

야채 → 채소, 남새

어탕 → 물고기국, 물고기찌개

어항 → 물고기집

역경逆境 → 어려움

연애소설 → 사랑소설

연連거푸 → 거푸

예고豫告하다 → 미리 알리다

오리엔테이션 → 배움마당, 첫배움터

오五겹살 → 닷겹살

오전반 → 아침반

오후반 → 낮반

외곽 → 변두리, ~ 바깥

외국어 → 바깥말

외래어 → 들온말

외박 → 바깥잠
외식 → 바깥밥
외출 → 바깥나들이
요금 → 삯
요절하다 → 일찍 죽다
욕실 → 씻는방
욕실 → 씻는방, 몸씻이방, 몸맑힘방
용돈 → 쓸돈
우드 크라프트 → 숲살림, 숲살이, 숲삶
유년기 → 어린날
유모차 → 아기수레, 젖먹이수레
유용하다 → 쓸모있다
유전油田 → 기름밭
유토피아 → 꿈나라
의식주 → 옷밥집
이상향 → 꿈나라
익사하다 → 물에 빠져 죽다
인생 → 삶
인자仁者 → 어진이
일본인 → 일본사람
자명종 → 울림 시계
자장가(-歌) → 자장노래, 잠노래
작문 → 글쓰기
작업실 → 일방
작자作者 → 지은이
저자 → 지은이, 글쓴이
저택 → 큰 집
-적的인 → -다운, -스러운
전기세 → 전기값
전철 요금 → 전철삯
정오 → 한낮, 낮 열두 시
제작자 → 만든이
제작하다 → 만들다

조례 → 아침모임
조선소造船所 → 배무이터
조선造船 → 배무이
존재하다 → 있다
종례 → 저녁모임
주(석) → 덧말, 덧붙임말, 붙임말
주변 → 둘레
주유소 → 기름집
주택 → 집
중국인 → 중국사람
지사제止瀉劑 → 물똥멎이약
지주 → 땅임자
지폐 → 종이돈
진심 → 참마음
진, 선, 미 → 참됨, 착함, 고움
진언 → 참이야기, 속이야기
진의 → 참뜻, 속생각, 속내, 속뜻
집주인 → 집임자
차입 → 넣음, 들임, 넣어 줌, 들여 보냄
차입구 → 넣는곳, 넣는구멍, 넣는데
천국 → 무지개 나라
첨부 → 붙이기
청년기 → 젊은날
청춘 → 푸름이
초목 → 푸나무
촬영하다 → 찍다
추락사하다 → 떨어져 죽음
추석 → 한가위
추어탕 → 미꾸라지국, 미꾸라지찌개
출입금지 → 들어오지 마셔요
침실 → 자는방
캘리그래피 → 손글, 손글씨
커밍아웃 → (성 정체성) 밝히기

큰부자 → 가멸찬이
통풍구 → 바람구멍
투척금지 → 버리지 마셔요
파마 머리 → 볶은머리, 지진머리
파마 → 머리볶기, 머리지짐
파이팅 → 힘내자, 힘내라, 잘해 보자
파티 → 잔치
펌perm → 머리볶기, 머리지짐
편집자 주 → 엮은이 말
편집자 → 엮은이
평생 → 한삶, 온삶
프라이드 치킨 → 닭튀김, 튀김닭
필자 주 → 글쓴이 말, 덧말, 덧붙임말
필자 → 글쓴이, 지은이

한국인 → 한국사람
합장 → 두손모음, 두손모으기, 비손
해열제 → 열내림약, 열멎음약, 열떨굼약
헝그리 정신 → 배고픈 마음
현미 → 누런쌀
협조 → 서로돕기
호프집 → 맥주집
화분 → 꽃그릇
환갑연 → 예순잔치
회전의자 → 빙글걸상
휠체어 → 굴렁걸상
휠체어 → 바퀴걸상, 구르는걸상
흑설탕 → 검은설탕, 까만설탕

책에 쓴 말